Stb

Frank Seefelder

Im Traumschiff zu den Sternen

Autogene Fantasiereisen für Kinder

Mit Anleitung zum Einsatz von Klangschalen

Stb

Originalausgabe
Alle Rechte vorbehalten

ISBN 978-3-8434-3016-6

© 2012 Schirner Verlag, Darmstadt
1. Auflage Mai 2012

Umschlag: Murat Karaçay, Schirner,
unter Verwendung von # 15558019
(BLACK ME) www.fotolia.de
Abbildungen im Buch: # 15558019
(BLACK ME) www.fotolia.de
Lektorat: Katja Hiller, Schirner
Satz: Huma Shuab, Schirner
Printed by: OURDASdruckt!, Celle, Germany

www.schirner.com

Inhalt

Warum Kinder entspannen sollten

Ganzheit ist ein natürliches Prinzip, und daher jedem Menschen angeboren. In den ersten Lebensjahren leben Kinder ihr geistiges und körperliches Gleichgewicht aus. Wenn sie sich wohlfühlen, lachen sie. Wenn sie müde sind, schlafen sie. Und wenn sie zornig sind, schreien sie. Mit diesen Reaktionen drücken sie ihre jeweilige geistige Verfassung körperlich aus. Diese Vorgänge sind ganz normal und werden auch in dieser Form von der Umwelt akzeptiert.

Im Kindergarten beginnt der Lebensabschnitt, in dem soziales Lernen im Vordergrund steht. Die ersten Regeln beschränken die körperliche Aktivität unserer Kleinen auf bestimmte Zeiten. Auch das Ausleben von Emotionen wird plötzlich nur noch in einem speziellen Rahmen toleriert. Wer schon einmal das scheinbar sinnlose Geschrei, das Lärmen und das Rennen während einer Kindergartenpause beobachtet hat, erkennt, welche geballte Energie sich in Kindern angestaut hat und mit welcher Kraft sich diese entlädt.

Im späteren Leben – von der Schule über die Ausbildung und das Studium bis hin zum Berufsalltag – hat jeder von uns kaum die Möglichkeit, sich auf diese Weise körperlich und geistig abzureagieren. Nur Außenseiter schreien sich ihren Frust von der Seele. Alle anderen könnten zwar umgangssprachlich aus der Haut fahren, das aber widerspricht den gesellschaftlichen Konventionen. Wer sich beispielsweise in seiner Haut nicht wohlfühlt, durchlebt die Diskrepanz zwischen den eigenen Ansprüchen und deren Umsetzung in die

Praxis. Körperliche Unterforderung und geistige Überforderung führen zum Stress, und dieser zeigt sich nicht selten als Ausschlag auf der Haut. Der Lernprozess der sozialen Anpassung ist bei Erwachsenen weitgehend abgeschlossen, und auf der Strecke geblieben ist die Ganzheit des Menschen.

Ein Kleinkind begreift zuerst alle Dinge als Ganzes. Sieht es eine Fahrradklingel, sagt es dazu Fahrrad und nicht Klingel. Bei einem Lenkrad geht sein erster Gedanke zum Ganzen, dem Auto. Das Verständnis von Ganzheit beginnt im Kopf, und das ist nicht nur bei unseren Kindern so. In der rechten Gehirnhälfte werden Gefühle »erlebt« und Kreativität »entwickelt«. Auch das Zusammensetzen von Einzelinformationen, der Logik und des linearen Denkens, das sich in der linken Hälfte abspielt, sind in der rechten Hirnhemisphäre angesiedelt.

Das ganzheitliche Selbstverständnis bei Kleinkindern basiert auf der Tatsache, dass die linke Hirnhälfte bei ihnen noch nicht so weit entwickelt ist wie die rechte. Die rechte Seite dominiert das Denkgeschehen, und der Sinn für Ganzheit überwiegt den Eindruck für die Einzelheit. Diese Lokalisation der analytischen und ganzheitlichen Denk- und Erfahrungsweisen gilt übrigens nur bei Rechtshändern. Bei Linkshändern ist es genau umgekehrt.

Erst das Zusammenspiel beider Hirnhemisphären ergibt das für Erwachsene typische Gesamtbild einer Situation oder einer Sache, bei dem auch der Blick für die Einzelheit gewahrt bleibt. Geht uns dieser Überblick verloren oder verschiebt sich das Gewicht immer mehr in Richtung Logik – was gar nicht so selten der Fall ist –, »sehen wir den Wald vor lauter Bäumen nicht mehr«.

Geistige, körperliche und emotionale Belastung unserer Kinder

Unverarbeiteter Stress ist ein großes Gesundheitsrisiko für Leib und Seele des Menschen. Das bestätigt die Weltgesundheitsorganisation (WHO). Und auch Kinder erleben Tag für Tag mannigfaltige Belastungssituationen. Ob im Umgang mit anderen Kindern oder mit Erwachsenen, auf dem Schulweg, in der Schule, während ihrer Freizeit oder beim Lernen, Anspannung begleitet unsere Kinder die ganze Zeit. Sobald Kinder den Schutzraum »Elternhaus« verlassen und die Geborgenheit dieses Ortes fehlt, tritt Stress auf.

Jede neue Erfahrung – ob positiv oder negativ – ist mit ganzheitlicher Anspannung verbunden. Und gerade für Kinder im Alter von 5 bis 10 Jahren gilt es, die Welt zu entdecken. Sie lernen zu leben, und sie lernen das Leben kennen.

Auch Sorgen und Ängste sind die ständigen Begleiter von Kindern auf ihrem Weg zum Erwachsenen. Besonders in unbekannter Umgebung haben sie Angst davor, was geschehen könnte. Unbewusst entsteht diese Angst, weil sie nicht Herr der Situation sind. Sie leiden unter einem Kontrollverlust, der in ihrem Unterbewusstsein die körperlichen Funktionen beeinträchtigt. Sie sorgen sich darum, was auf sie zukommen könnte. Nicht wenige Kinder leiden beispielsweise regelmäßig unter Magenschmerzen. Die chinesische Heilkunde TCM kennt einen ganz klaren Zusammenhang zwischen der Emotion der Sorge und dem Energieweg Magen-Meridian. Die östliche Denkweise ist unserem westlichen Verständnis auch gar nicht so fern, denn es ist bekannt, dass Emotionen biochemische Prozesse auslösen.

Wenn Kinder dem Stress, der auf sie einwirkt, nicht mehr gewachsen sind, reagieren sie mit Kopf- und Magenschmerzen. Oder sie werden nervös, sind unkonzentriert oder gereizt. Sie leiden unter Schlafstörungen, die der gesamten Situation nicht gerade förderlich sind. Gerade Kopfschmerzen bei Kindern werden immer mehr zum Thema. Das beweist nachdrücklich, wie sehr unsere Kinder in der modernen Gesellschaft angespannt sind und durch ihre Lebenssituation belastet werden. Kopfschmerzen stehen an dieser Stelle als Beispiel für eine ganze Reihe von psychosomatischen Störungen, die Kinder erfahren können, wenn sie nicht ausreichend Entspannung finden.

Wenn Kinder sich den Kopf zerbrechen – Beispiel Kinderkopfschmerz

Kinderkopfschmerz ist eine schwer zu diagnostizierende Erkrankung. Welche Mutter kommt schon auf Kopfschmerzen, wenn ihr Kind auf die Frage danach, wo es wehtut, auf den

Bauch zeigt. Aber woran liegt das? Im Mutterleib war es für das Ungeborene relativ unwichtig, sich zu orientieren und ein konkretes Körpergefühl zu entwickeln. Diese frühkindliche »Orientierungslosigkeit« wird erst durch die körperlichen Erfahrungen nach der Geburt abgelegt, wenn das Kind lernt, sich in der Welt zurechtzufinden. Schmerz ist ein umfassendes Phänomen, und darum können ihn Kinder in den ersten Jahren nicht lokalisieren. Damit stehen nicht nur die Eltern, sondern auch die Mediziner vor einem Problem.

Trotzdem gibt es bei aufmerksamer Beobachtung Möglichkeiten, diesem gesundheitlichen Problem auf die Spur zu kommen. Spannungskopfschmerzen beschreiben die Kinder oft damit, dass sie das Gefühl haben, ihr Kopf wäre fest eingeschnürt. Der auftretende Schmerz kann drückend oder auch ziehend sein. Die kindliche Migräne kennt ebenfalls die Vorboten einer Attacke, die fast mit denen von Erwachsenen übereinstimmen. Auch bei den Kleinen kann es mit Bauchschmerzen beginnen, auf die Übelkeit, Schwindel und Erbrechen folgen. Im Gegensatz zur Migräne bei Erwachsenen schmerzt bei Kindern der ganze Kopf, nicht nur eine Seite.

Gerade Säuglinge reagieren ganzheitlich auf einen bevorstehenden Anfall. Intuitiv begeben sie sich in eine Schon- und Ruhehaltung und wollen sich mehr bewegen oder spielen. Müdigkeit und eine Blässe der Haut in Verbindung mit einem roten Gesicht sind weitere Hinweise auf einen bevorstehenden Anfall. Außerdem können sie dann auch großen Durst und Hunger haben. Während der Attacke kommt es bei ihnen wie bei Erwachsenen zur Lärm- und Lichtsensibilität und auch zu Übelkeit mit Erbrechen.

In welchem Alter setzt Kinderkopfschmerz ein? Die einfache Antwort lautet: in jedem. Selbst Säuglinge können Migräne haben. Zurzeit geht man davon aus, dass 20 Prozent der Kinder im Vorschulalter unter Kopfschmerzen leiden. Im Schulalter hat schon jedes zweite Kind einmal Kopfschmerzen gehabt, und 12 Prozent leiden unter Migräne.[1] Auch wenn die Diagnose der Erkrankung nicht leicht ist, liegen die Ursachen für das Leid dieser Kinder häufig in ihrem Lebenswandel. Viele Kinder bewegen sich zu wenig, verbringen zu viel Zeit vor dem Fernseher oder dem Computer, und auch in der Schule fehlt es häufig an Möglichkeiten zur körperlichen Aktivität. Belastend und damit die Entstehung von Kopfschmerzen fördernd wirkt zudem eine falsche Ernährungsweise, z.B. unausgewogenes oder unregelmäßiges Essen. Der Rhythmus zwischen Nahrungsaufnahme und einer Ruhepause zur Verdauung kann sich bei diesen Kindern nicht einstellen. Beim Trinkverhalten sieht es ähnlich aus.

Der schulische Leistungsdruck, unter dem Kinder stehen, wird zudem oft noch durch die Eltern erhöht. Dadurch leben viele Kinder in einer psychosozialen Stresssituation, zu der auch familiäre Probleme mit den Eltern oder Geschwistern verstärkend beitragen. Auch bei ihnen ist der Stress eine Ursache für das Entstehen oder Verstärken von Kopfschmerzen.

Die Folgen der Schmerzprägung zeigen deutliche Parallelen zwischen Erwachsenen und Kindern auf. Rückzug und Schonhaltung sollen dazu dienen, dem Schmerz »aus dem

---

1 Vgl. Anika Geisler, Constanze Löffler: Ratgeber Kinderkopfschmerz. In: Stern. Gesund leben, 3/2008, S. 52f.

Weg zu gehen«. Wer sich aber so verhält, räumt ihm so viel Platz in seinem Denken ein, dass das Gehirn auf den Schmerz »programmiert« wird. Am Ende dieser negativen Lernphase steht ein verstärktes Schmerzempfinden. Der Rückzug erzeugt zudem häufig weitere Probleme, denn aus Angst vor einer Migräneattacke gehen viele Kinder nicht zur Schule. Doch das Verpasste muss nachgeholt werden. Damit schließt sich der Kreis zu Schulstress und Leistungsdruck, die wiederum Kopfschmerzen verursachen.

Auch eine psychosomatische Komponente spielt bei Kindern eine Rolle. Sind die Eltern für einen übertriebenen Leistungsdruck verantwortlich, setzt sich das Kind zur Wehr. Muss es dabei feststellen, dass es seinen Willen nicht durchsetzen kann, versucht es nicht selten, »mit dem Kopf durch die Wand« zu gehen. Dieses Anrennen kann im übertragenen Sinn zu einem schmerzenden Kopf führen. Eine ähnliche psychosomatische Verbindung ist auch bei Ohrenerkrankungen bekannt. Wenn Kinder im Rahmen der Erziehung lernen sollen, zu gehorchen und es ihnen zu viel wird, reagiert ihr Körper häufig mit einer Mittelohrentzündung auf diese Überforderung. In beiden Fällen verschafft sich das Kind durch eine Erkrankung Distanz zum Ereignis. Außerdem wird es fürsorglicher behandelt. Eltern, deren Kinder zu Kopf- oder auch Ohrschmerzen neigen, sollten also hinterfragen, ob der Druck, den sie auf ihr Kind ausüben, nicht zu groß ist.

Auch der richtige Umgang mit dem Kinderkopfschmerz ist wichtig. Nichts schmerzt Eltern mehr als die Schmerzen, die ihr Kind erleidet. Denn Eltern leiden mit ihren Kindern mit, haben die meisten Menschen doch Kopfschmerzen oder Migräne bereits am eigenen Leib erfahren. Wer Mitleid empfindet, gerät aber selbst unter Stress, weil er der Erkrankung hilflos gegenübersteht. Dieser Stress wiederum überträgt sich auf das Kind, die Kopfschmerzen werden stärker, ein Teufelskreis entsteht. Die Schmerzen zu ignorieren, ist sicherlich nicht der richtige Weg, aber auch übertriebene Fürsorge hilft nicht dabei, das Problem in den Griff zu bekommen.

Für welche Kinder autogene Fantasiereisen nicht geeignet sind

Wie bei Erwachsenen auch gibt es bei Kindern einige, die nicht gut auf die Fantasiereisen ansprechen. So können hyperaktive Kinder beispielsweise aggressiv reagieren, wenn die Situation des Vorlesens zu ruhig wird. Bei Erwachsenen kennt man dieses Phänomen beispielsweise von Burn-out-Patienten, deren Stresslevel über einen langen Zeitraum hinweg ungesund hoch war und denen während einer Meditation oder eines Autogenen Trainings zu Beginn häufig die Diskrepanz zwischen der gewohnten Hochspannung und der großen Ruhe zu groß ist. Ein Seminarteilnehmer hat mir dies einmal sehr eindrücklich geschildert. Er erklärte mir, dass er mit Qigong, den sanften langsamen Bewegungen, noch recht gut klarkäme, aber bei Atem- und Entspannungsmeditationen könne er aus der Haut fahren.

Für jeden Menschen, ob Kind oder Erwachsener, der sich in einem körperlich-psychisch überdrehten Zustand befindet, gilt die Regel:

**Menschen lieben die Ruhe,
aber sie fürchten die Stille.**

Jeder Mensch hat seine Vorlieben. Es kann durchaus sein, dass gerade ein Kind, obwohl es sehr aktiv ist, sich schnell auch mit der Stille anfreundet. Aber das lässt sich nur durch Ausprobieren feststellen. Wenn also die erste oder auch die zweite Reise nicht klappt, sollte man es weiterhin versuchen. Vielleicht mit einer anderen Reise oder zu einem anderen Zeitpunkt. Wenn aber weitere Versuche zur Entspannung scheitern sollten, braucht ein Kind eine andere Möglichkeit, um Druck abzulassen.

Wann ist der richtige Zeitpunkt für eine Fantasiereise?

Als Traumzeit am Tag eignet sich besonders die Zeit nach dem Kindergarten bzw. der Schule oder vor den Hausaufgaben. Ihr Kind kann sich während der Fantasiereise vom bereits Erlebten entspannen und erholen und neue Kräfte für die kommenden Aufgaben tanken. Ein Tagtraum kann hier wahre Wunder bewirken. Auch die Zeit vor dem Schlafengehen bietet sich an. Besonders wenn Kinder unter stressbedingten Schlafstörungen leiden, ist dieser Zeitpunkt natürlich ideal. Ihr Kind macht sich dann mit Ihrer Unterstützung auf die Reise ins Land der Träume.

Nur Angebote – keine Gebote

Nur Angebote – keine Gebote. Das ist ein Grundsatz in der Entspannungspädagogik und trifft besonders auf die Fantasiereisen zu. Im Traumschiff zu den Sternen reisen die Kinder zu farbigen Planeten. Dabei kann es vorkommen, dass Ihrem Kind eine Farbe nicht gefällt. Dann macht eine Reise zu einem solchen Stern keinen Sinn. Der innere Widerstand gegen die Farbe würde den Erfolg der Reise, die Entspannung, verhindern.

Denken Sie immer daran: Ihr Kind reagiert genauso wie Sie, und zwar abhängig von der Tagesform. Das bedeutet: Lassen Sie es in einem kurzen Vorgespräch entscheiden, zu welchem Stern es an diesem Tag reisen möchte. Mal wird es der rote Stern sein, ein anderes Mal vielleicht der blaue Stern. Geben Sie Ihrem Kind den Freiraum. Während der Geschichten selbst überlassen Sie diese Entscheidung, wie es weitergehen soll, teilweise ebenfalls Ihrem Kind. In den ungelenkten Reisen kann es die Farben, die sich innerlich aufbauen und die es sieht, völlig frei wählen.

Autogene Fantasiereisen

Die hier vorgestellten Geschichten sind eine Kombination aus Fantasiereisen, Autogenem Training und Atemarbeit bzw. -bewusstsein. Diese Verbindung versetzt Ihr Kind in einen Zustand tiefer Entspannung, in dem es Stress abbauen kann und gleichzeitig neue Kraft schöpft.

Fantasiereisen

Fantasiereisen sind eine wunderbare Möglichkeit für Kinder und Erwachsene, sich bewusst zu entspannen und zu erholen. Sie wirken ganzheitlich auf Körper, Geist und Seele und nutzen dabei das unerschöpfliche Instrument der Fantasie. Fantasiereise können verschiedene Ziele verfolgen. So reicht der Spannungsbogen vom Tagtraum, Märchen und Erzählen von Geschichten einfach nur zum Spaß bis hin zum therapeutischen Ansatz.

Die Fantasiereisen in diesem Buch folgen alle demselben Muster. In der **gelenkten Reise** wird Ihr Kind an den Ort des Geschehens gebracht und macht ganz nebenbei auch die ersten visionären Erfahrungen – Ihr Kind kommt im Hier und Jetzt an. Diese Sicherheit des Geführt-Werdens vermeidet Ängste. Ihr Kind muss nicht entscheiden, wie es weitergeht.

Während der **teilgelenkten Reise** erfährt es, dass es nicht nur Anweisungen folgen soll, sondern dass auch seine eigenen Gedanken und Imaginationen aufkommen dürfen. Ihr Kind unternimmt dann eine teilgelenkte Reise.

In der **ungelenkten Reise** kann Ihr Kind seiner Fantasie freien Lauf lassen. Die standardisierten Abläufe vermitteln ihm eine intuitive Sicherheit im »Abenteuer« Fantasiereise. Fantasiereisen werden zu Ritualen, und Rituale verhelfen jedem Menschen zu mehr Sicherheit.

Autogenes Training

Das Autogene Training wurde in den 1920er-Jahren vom Berliner Neurologen und Psychiater Johannes Heinrich Schultz begründet. Auf der Grundlage der Hypnose und chinesischer Meditationsübungen entwickelte er eine Methode, deren ursprüngliches Ziel es war, einen harmonischen Ausgleich zwischen Spannung und Entspannung zu schaffen. Dieses Training sollte eine Möglichkeit zur Erholung bieten und die Selbstregulierung von unwillkürlichen Körperfunktionen ermöglichen. Innere Sicherheit und Stabilität, aber auch eine Leistungssteigerung waren die Ziele dieser Methode. Dr. Schultz entwickelte folgenden Übungsaufbau:

- **Schwereübung**
- **Wärmeübung**
- **Atemübung**
- **Herzübung**
- **Sonnengeflechtübung**
- **Stirn-Kühleübung**
- **Schulter-Nackenübung**

Stellvertretend für alle sieben Übungen möchte ich Ihnen anhand der Wärmeübung die Wirkung des Autogenen Trainings kurz beschreiben. Wenn wir aufgeregt sind, uns fürchten oder unter Stress stehen, erhöht sich die Temperatur in unserem Körperinneren, die Kerntemperatur. Gleichzeitig verringert sich die Temperatur auf der Haut infolge der Blutumverteilung und der erhöhten Stoffwechselvorgänge im Körper. Im entspannten Zustand erfolgt der entgegengesetzte Vorgang, weil das Blut umverteilt und der Stoffwechsel verringert wird. Die Hauttemperatur steigt, während die Kerntemperatur sinkt.

Es gibt zwei Möglichkeiten der Temperaturwahrnehmung. Die eine ist subjektiv, allerdings vertrauen viele Menschen Messgeräten eher als dem eigenen Körpergefühl. Bei der Wärmeübung des Autogenen Trainings wird die Temperatur der Haut um etwa 7° Celsius ansteigen. In einer kontrollierten Studie wurde die Temperaturveränderung durch die Übungen bestätigt.[2]

---

2 Vgl. dazu Dr. Bernd Hoffmann: Handbuch Autogenes Training.
  München 2006, S. 290.

Dabei wurde nicht nur die Wirkung der Wärmeübung unter-
sucht, sondern zum Vergleich auch eine Kälteübung.

Stellung und Handlung der Versuchsperson	Körpertemperatur in °Celsius	
	Rechter Arm	Linker Arm
ruhig sitzend	31,7° Celsius	31,9° Celsius
Autosuggestion Wärme (rechter Arm), Kälte (linker Arm)	34,1° Celsius	30,5° Celsius
Autosuggestion Kälte (rechter Arm), Wärme (linker Arm)	30,7° Celsius	34,0° Celsius

Diese Studie hat bewiesen, dass Autogenes Training nicht
nur subjektiv, sondern auch objektiv den Zustand des Körpers verändern kann.

Für die Arme lautet die klassische Formel der Schwereübung:
Arme – (Sprechpause) – ganz schwer –
ganz schwer – schwer
Arme – ganz schwer – ganz schwer – schwer

Probieren Sie diese einfache Übung einmal aus. Nehmen Sie dazu eine lockere Haltung ein, und richten Sie Ihre Wahrnehmung auf die Arme. Wie fühlen sie sich jetzt an, also vor der Übung? Versuchen Sie, nicht zu bewerten, sondern nehmen Sie einfach nur wahr.

Sprechen Sie nun hörbar und langsam. Wenn Sie die Arme ansprechen, machen Sie eine kurze Sprechpause, und nehmen Sie ganz bewusst Ihre Arme wahr. Dann folgen die Wörter »ganz schwer«, danach eine Pause. Anschließend wiederholen Sie die Wörter »ganz schwer« – Pause und »schwer«. Wiederholen Sie den Satz noch einmal, und spüren Sie, wie sich Ihre Arme nach der Übung anfühlen.

Der bewusste Atem

Der Mensch kann vier Wochen ohne Nahrung auskommen, auch auf Flüssigkeit kann er vier Tage verzichten, ohne gesundheitlich Schaden zu nehmen. Aber nach nur vier Minuten ohne Sauerstoff treten irreparable Schäden im Körper auf und das Leben endet. Es steht also fest, welches »Nahrungsmittel« die größte Bedeutung für uns hat. Leider vergessen wir unseren Atem immer wieder, zumindest so lange, wie er reibungslos funktioniert.

Die Wahrnehmung des Atems fördert das Atembewusstsein und ruft dadurch ein besseres Atemverhalten hervor. Durch die Entspannung im Laufe der Reise vertieft sich die Atmung automatisch. Kinder lernen mit einem gezielten Training, dass sie sich in stressigen Situationen auf die entspannende Wirkung des Atems verlassen können. Das Gute ist: Autogene Fantasiereisen enden nicht mit dem letzten Wort, sondern entfalten auch im Alltag Ihres Kindes ihre positive Wirkung. Einzelne Elemente, die sich Ihr Kind gemerkt hat, weil sie besonders positiv gewirkt haben, wird es automatisch im Laufe der Zeit als Hilfsmittel in brenzligen Situationen heranziehen – und sei dies nur das sehr hilfreiche, tiefe Durchatmen.

Allgemeines zu den autogenen
Fantasiereisen

Hinweise zum Vorlesen

Es ist sehr wichtig, dass Sie die Geschichte, die Sie Ihrem Kind vortragen, bereits gelesen haben. Nicht nur ständige Versprecher lenken Kinder ab und verhindern das Loslassen und Entspannen, selbst ein leichtes Zittern und Beben in der Stimme wird von ihnen im Zustand der Entspannung wahrgenommen und als störend empfunden.

Die Kunst der autogenen Sprache und Fantasiesprache sowie der Anleitung von Entspannungsübungen ganz allgemein ist die **Kunst der Pause.** Pausen sollten so lang sein, dass Vorstellungsbilder entstehen können. Sie dürfen aber nicht zu lang sein, damit sich nicht andere Gedanken in den Vordergrund drängen können. Die Gegenwart, der bewusst erlebte Moment, dauert bei jedem Menschen lediglich etwa drei Sekunden, danach entsteht schon ein neuer Gedanke.
In der Praxis hat es sich bewährt, gerade die autogenen Formeln im eigenen Atemrhythmus zu sprechen. Versuchen Sie es einmal selbst. Ein weiterer Vorteil ergibt sich aus dem Sprachtempo im Atemrhythmus: Die Sprechpausen sind

immer gleich lang. Das wirkt sich sehr harmonisch auf die gesamte Erzählung aus.

Zu Ihrer Unterstützung habe ich in die Reisen folgende Zeichen eingefügt, die Sprechpausen markieren:

–	**kurze Sprechpause**
...	**längere Sprechpause**
	(einmal ein- und ausatmen)
Klangschale	**Klangschale anschlagen**

Kinder genießen die Töne von Klangschalen. Bei deren Einsatz ist Ihre Aufmerksamkeit besonders gefordert. Die Kunst der Pause lässt sich mit Klangschalentönen wunderbar untermalen, aber die Gegenwart dauert eben nur etwa drei Sekunden. Besonders schwere Klangschalen können eine oder mehrere Minuten erklingen, und das ist zu lange. Entweder verwenden Sie kleinere Schalen, wobei Sie darauf achten sollten, dass hohe Töne von Kindern als unangenehm empfunden werden.

Am besten nehmen Sie Ihr Kind zum Einkauf der Klangschale mit. Oder Sie schlagen tiefere Töne leichter an und sprechen noch beim Verklingen des Tones, also nach einigen Sekunden, einfach weiter. Die Erfahrung wird Sie lehren, welches der »richtige« Weg ist und wie lange die »richtige« Pause dauern darf. Die Choreografie, wie ich sie Ihnen vorschlage, ist nicht verpflichtend. Sie steht ganz unter dem Motto: »Nur ein Angebot, kein Gebot.«

Wenn Sie die Reisen mit Musik untermalen möchten, sollte diese sehr ruhig sein und leise abgespielt werden. Ihr Kind kann sonst in den Konflikt geraten. Es fragt sich dann instinktiv, ob es dem Gelesenen oder der Musik zuhören und mehr Beachtung schenken soll.

Dem Einsatz der Sprache kommt ebenfalls eine besondere Bedeutung zu. Sie sprechen zwar ruhig, aber in der Fantasiereise sollte Ihre Stimme ausschmückend wirken. Die autogenen Formeln hingegen werden ganz ruhig und gleichmäßig gesprochen, damit sich ihre Wirkung entfalten kann. Mit etwas Sprechpraxis können Sie Ihre Stimme auch mit jeder Wiederholung vertiefen. Als Hilfe bei der richtigen Betonung habe ich die Schlüsselworte für Sie markiert. Wenn die Lenkung beispielsweise auf die Sinneswahrnehmung abzielt, sollten Sie die Worte **sehen, fühlen, riechen** oder **hören** ganz bewusst sprechen.

Beachten Sie beim Vorlesen von Fantasiereisen oder auch Märchen den Grundsatz:
Lesen Sie so vor,
wie Sie es selbst gerne hören würden.

Das Ablaufschema für alle Fantasiereisen

Rituale vermitteln Sicherheit, und mehr noch als Erwachsene brauchen Kinder Sicherheit. Sie wollen nicht überrascht werden, sie wollen möglichst schnell wissen, was sie bekommen oder zu erwarten haben. Das entspricht ganz unserem Wunsch nach Kontrolle. Die Überwachung der Vorgänge ist für die Gesundheit und das Wohlbefinden von uns Menschen ein ganz zentrales Prinzip. Mit folgendem Beispiel, das ich in meinen Seminaren immer wieder erzähle, möchte ich Ihnen die Auswirkung von fehlender Kontrolle demonstrieren.

Stellen Sie sich vor, ich stünde bei Ihnen im Zimmer und würde ganz plötzlich laut schreien. Was wäre Ihre körperliche Reaktion? Zusammenzucken, erschrecken, Kampf- oder Fluchtbereitschaft herstellen? Von einem Moment auf den anderen hätten Sie höchsten Stress. Nun stellen Sie sich vor, ich würde meinen Schrei ankündigen, dann von Drei auf Null herunterzählen und anschließend ganz laut schreien. Was würde dieser Schrei auslösen? Körperlich sicherlich nicht viel, denn Sie wissen im Voraus, was auf Sie zukommt. Sie sind vorbereitet und daher auch nicht schreckhaft. Sie haben die Kontrolle.

Wenn Kinder sich bei regelmäßigen Entspannungsübungen an bestimmte Vorgänge gewöhnen, vermittelt Ihnen das Geborgenheit und vor allem Sicherheit. Es geschieht nichts, was sie überfordern könnte. Aus diesem Grund sind die Fantasiereisen nach einem bestimmten Schema aufgebaut. Nach dem Ankommen im Hier und Jetzt sind das:

- **Startvorbereitung**
- **Denk dir dein Traumschiff**
- **Hinreise**
- **Ankunft**
- **Rückkehr (mentale Rücknahme)**
- **Rücknahme (körperliche Rücknahme)**

Übungen zum Ankommen und zur Rücknahme

Für Erwachsene und Kinder ist es gleichermaßen wichtig, im Hier und Jetzt anzukommen, bevor man etwas Neues beginnt. Normalerweise wissen wir nicht, was unser Kind am Tag alles erlebt hat. Vielleicht hatte es Stress in der Schule oder Ärger mit seinen Mitschülern? Geben Sie Ihrem Kind mit einer der folgenden Übungen die Möglichkeit, Abstand zum Geschehenen aufzubauen. Sie wissen ja bereits: Rituale vermitteln Sicherheit. Ich habe bewusst darauf verzichtet, eine große Anzahl von möglichen Loslass-Übungen zu beschreiben. Die folgenden drei sind meines Erachtens völlig ausreichend, damit sich Ihr Kind ganzheitlich auf eine entspannende Reise zu den Sternen vorbereiten kann.

Der sehr lange Name steht für eine recht kurze und ganz einfache Übung.[3] Nehmen Sie die Grundposition ein: den schulterbreiten Stand. Die Füße stehen parallel zueinander. Man spricht hierbei von einer eutonischen Grundhaltung, also einer Standposition, die Wohlspannung im Körper verbreitet.

Der Körper ist ganz entspannt und locker. Sie beginnen nun, leicht mit den Knien zu wippen. Die Auf- und Abwärtsbewegungen des Körpers werden zuerst langsam und kontrolliert ausgeführt, nach einer Eingewöhnungsphase aber relativ zügig, aber nicht übereilt ausgeführt. Lassen Sie auch zu, dass der gesamte Körper in die Bewegung gerät, und spüren Sie den Geschehnissen nach. Ihre Schultern können jedes Mal etwas tiefer fallen. Schütteln Sie die Anspannung des Tages einfach von sich ab. Achten Sie darauf, dass Sie weiteratmen. Dieser Hinweis klingt vielleicht merkwürdig, aber wenn wir derart in Bewegung geraten und uns auf unsere Körperwahrnehmung einlassen, gerät die Atmung schon einmal in Vergessenheit. Die Rückkehr des chinesischen Frühlings darf ruhig zwei bis drei Minuten dauern.

---

3 HINWEIS! Sollten Sie schwanger sein, üben Sie den chinesischen Frühling bitte nicht mit Ihrem Kind mit!

Schütteln und den Körper wahrnehmen

Dieses Schütteln des Körpers geht zusätzlich mit einer Achtsamkeitsübung einher. Hierbei ist es wichtig, die Reihenfolge der Bewegungen einzuhalten, denn nur so stellt sich eine Wahrnehmung für den gesamten Körper ein. Beginnen Sie mit einem Arm. Schütteln Sie ihn ganz locker aus dem Handgelenk. Nach etwa einer Minute beenden Sie die Bewegung. Danach folgt der andere Arm. Beide Arme kommen dann zur Ruhe, und die Aufmerksamkeit geht in ein Bein. Schütteln Sie ein Bein nach allen Seiten. Sie können auch gern nach vorn, nach hinten oder zur Seite treten. Sollten Sie Schwierigkeiten mit dem Gleichgewicht haben, stützen Sie sich an einer Wand ab. Falls Sie im freien Raum trainieren, können Sie sich diese Wand auch vorstellen; fast der gleiche Effekt wird erzielt.

Nach einer Minute stellen Sie das Schütteln ein. Beginnen Sie mit der Achtsamkeitsübung. Spüren Sie in die bewegten Arme und das bewegte Bein, und vergleichen Sie Ihr Gefühl mit dem Gefühl im anderen Bein. Viele Teilnehmer beschreiben Ihre Wahrnehmung als kalt, starr. Das Bein kann auch als viel länger oder auch dicker geschildert werden. In jedem Fall sind die Empfindungen der gelockerten Extremitäten deutlich angenehmer. Auch Ihr Kind nimmt sicherlich den Unterschied zwischen einem entspannten Körper und einer Körperanspannung wahr. Nach dieser Körperwahrnehmung schütteln Sie auch das zweite Bein eine Minute lang. Danach können Sie zur Reise mit dem Traumschiff aufbrechen.

Do-Jn

Das Do-In ist eine Form der Meridian-Massage, die aus Japan stammt und auf den Erkenntnissen des Shiatsu beruht. Durch das Klopfen der Energiebahnen wird der ganze Körper erfrischt und vitalisiert. Bringen Sie Ihrem Kind bei, wie es selbst den Energiefluss und den Kreislauf anregt. Das Do-In eignet sich auch hervorragend am Morgen zum Wachwerden.

Sie nehmen die gleiche Grundposition wie beim chinesischen Frühling ein. Beginnen Sie, Ihren Kopf ganz vorsichtig und sanft mit den Fingerkuppen zu beklopfen. Klopfen Sie die Stirn immer von der Mitte nach außen, also zu den Schläfen hin – niemals umgekehrt. Auch unter den Augen klopfen Sie einige Male ganz sanft. Dann geht es über den Scheitel weiter bis in den Nacken. Wenn Sie den Kopf beklopft haben, streichen Sie Gesicht, Scheitel und Nacken aus. Dann ziehen Sie sich selbst die Ohren lang. In den Reflexzonen im Ohr ist der ganze Körper abgebildet und somit auch erreichbar. Sie können über das Ohr also den gesamten Organismus aktivieren. Wenn Sie die Ohren nach oben ziehen, wecken Sie die Energien im unteren Körperbereich. Ziehen Sie an den Ohrläppchen nach unten, aktivieren Sie den oberen Bereich des Körpers. Nach dem Kopf trommeln Sie mit den Fingerkuppen auf Ihre Brust. Das aktiviert das Herz und den Kreislauf und regt die Thymusdrüse und damit auch die Immunabwehr an.

Dann klopfen Sie die Innenseite der Arme entlang zur Hand und an der Außenseite der Arme wieder zurück bis zum Hals. Nun zum anderen Arm: auf der Innenseite zur Hand und auf der Außenseite zurück zum Hals. Wenn Sie wollen, können Sie auch die Beine abklopfen. Dieses Mal zuerst beide Außenseiten gleichzeitig hinunter bis zu den Füßen und auf den Innenseiten zurück bis zum Beinansatz.

Das Ankommen im Hier und Jetzt

Der Ort, an dem sich Ihr Kind entspannt, sollte angenehm und behaglich sein. An erster Stelle bedeutet das, dass es ruhig sein sollte. Auch Sie können sich nicht auf die Arbeit konzentrieren, wenn der Geräuschpegel zu hoch ist. Außerdem ist es wichtig, dass Ihr Kind es sich bequem machen kann. Zum Beispiel kuschelt es sich in Kissen oder Decken oder nimmt sein Lieblingsstofftier mit auf die Reise. Trägt Ihr Kind eine Brille oder eine Uhr? Vielleicht will es sie lieber ablegen.

Vielleicht möchte Ihr Kind den Raum auch etwas abgedunkelt haben? Ist die Geschichte nur als Tagtraum zur Entspannung gedacht, sollte es allerdings nicht zu dunkel sein. Kinder haben einen natürlichen Tag-Nacht-Rhythmus, und wenn es zur Tageszeit plötzlich dunkel wird, kommt dieser Rhythmus aus dem Gleichgewicht.

Vielleicht möchte Ihr Kind noch einen Schluck trinken oder eine Kleinigkeit essen, bevor es auf die Reise geht? Zu viel wäre allerdings nicht gut. Aus diesem Grund sind Fantasiereisen direkt nach dem Mittagessen nicht besonders gut geeignet. Seit der letzten großen Mahlzeit sollte schon etwas Zeit vergangen sein, damit der Körper Ihre Kindes Zeit hatte, zu verdauen, und dabei nicht durch die geistige Aktivität gestört wird.

Beachten Sie bei allem, was Sie Ihrem Kind vorschlagen: Alles sind nur Angebote und keine Gebote! Lassen Sie Ihrem Kind auch die Freiheit, sich nicht zu entspannen oder nicht Ihren Worten zu folgen. Ganzheitliche Entspannung lässt sich nicht erzwingen. Geben Sie Ihrem Kind mit folgenden Worten den Raum dazu: »Du kannst meinen Worten folgen, aber wenn du eigene Gedanken hast, gehe ihnen ruhig nach.«

Nachdem Ihr Kind es sich bequem gemacht hat, sollten Sie mit einem immer gleichen Satz beginnen:

»Wenn du willst, kannst du die Augen schließen. Wahrscheinlich fallen sie dir sowieso gleich von alleine zu ...«

Zur Vorbereitung der Reise hat sich besonders die Atemwahrnehmung als erfolgreich und gleichzeitig als einfach umsetzbar erwiesen. Sprechen Sie dazu Ihr Kind mit folgenden Worten an:

»Nimm deinen Atem wahr –
Wie atmest du ein und aus? Über den Mund?
Durch die Nase? –
Fühle die Atemluft – Nimm ihre Temperatur wahr –
Spüre die Bewegung deiner Brust beim Atmen –
Spüre, wie sich dein Bauch hebt und senkt –

Als Alternative zu dieser Atemwahrnehmung oder auch begleitend bietet sich das Anschlagen der Klangschale an.

Möglichkeiten zur Variation

Das Besondere an den Fantasiereisen in diesem Buch ist ihr Aufbau in Modulform. Sie können sich mit Ihrem Kind beispielsweise an einen **realen** oder einen **irrealen Ort** begeben: Der rote oder der gelbe Stern bieten Ihrem Kind ein irreales Naturerlebnis. Es erlebt Pflanzen und die Natur in ganz neuen Farben. Das fordert und fördert die Vorstellungskraft Ihres Kindes.

Außerdem können Sie zwischen **dirigistischen Modulen** oder **gedanklich freien Teilen** entscheiden: Hier können Sie »nur« die Fantasiereisen vorlesen oder die autogenen Formeln bevorzugen. Selbstverständlich lässt sich auch beides miteinander kombinieren.

Durch die **Länge der Reise** können Sie ebenfalls auf die Bedürfnisse Ihres Kindes eingehen. Sie können die Reisen abkürzen oder die Reise in voller Länge durchführen, wenn Ihr Kind sich gut konzentrieren kann.

Durch die **Hervorhebung bestimmter Elemente**, besonders bei den autogenen Formeln, lassen Sie die Erlebnisse für Ihr Kind lebendig werden. Gefällt Ihrem Kind zum Beispiel die Wärmevorstellung sehr gut, machen Sie mit ihm die Wärme-Übungen, die Sie jeweils in der dritten Reise zu den Sternen finden.

Und natürlich können Sie die nächste Fantasiereise für Ihr Kind aus den vorgegebenen Elementen auch **selbst schreiben**.

Finden Sie heraus, was Ihrem Kind wirklich guttut, und lernen Sie es durch die Reisen zu den Sternen noch besser kennen.

Die Reisen zum roten Stern

In dieser ersten Reise finden Sie in Grau hinterlegt alle Struktur-Elemente für die Reisen mit dem Traumschiff.

Die erste Reise zum roten Stern

STARTVORBEREITUNG

Wenn du willst, kannst du die Augen schließen. Wahrscheinlich fallen sie dir sowieso gleich von alleine zu ... Nimm deinen Atem wahr. – Fühle die Bewegung deiner Brust beim Atmen. – Spüre, wie sich dein Bauch hebt und senkt. – Fühle die Atemluft. – Nimm ihre Temperatur wahr. –

Stell dir einmal vor, es ist spät am Abend. Du schaust zum sternenklaren Himmel hinauf und siehst den wunderschönen, großen Mond ...
Ganz ruhig und friedlich steht er am Himmel und schaut auf dich herab. Fast scheint es, als würde der Mond dich anlächeln ...
Lächle doch einfach zurück. Schenk ihm dein wunderschönes **Lächeln** ...
ODER KLANGSCHALE

Der große Mond sieht schwer aus ...
Und auch du fühlst dich angenehm schwer. Du bist schwer, – angenehm **schwer** ...
ODER KLANGSCHALE

Es ist ganz ruhig – Und wenn du den friedvollen Mond ansiehst, dann fühlst auch du dich völlig beruhigt. Du bist ruhig, – ganz **ruhig** ...
ODER KLANGSCHALE

DENK DIR DEIN TRAUMSCHIFF

Der Mond lädt dich zu einer Reise zu den Sternen ein, und du willst sehr gerne mitreisen. Doch womit sollst du fliegen? Der Mond sagt: »Denk dir dein Traumschiff so, wie du es gerne haben möchtest. Ich helfe dir dabei.«

»Ist dein Schiff eins, das auch auf dem Wasser schwimmen kann? – Hat es Segel oder schwimmt es von ganz alleine?« …

»Wünschst du dir lieber Wolken, die dich sanft und wohlbehütet zu den Sternen tragen? Wie sieht deine Traumschiffwolke aus?« …

»Ist dein Traumschiff vielleicht ein fliegender Teppich?« …

Vielleicht siehst du auch ein ganz anderes Traumschiff. Lass es einfach entstehen …

Es ist jetzt Zeit, in dein Traumschiff einzusteigen. Mach es dir bequem. Du nimmst auf einer kuscheligen Decke Platz. Sie fühlt sich ganz weich an. – Und auch du bist angenehm **weich** … ganz weich und **ruhig** … ganz ruhig und **entspannt** …

ODER KLANGSCHALE

DIE HINREISE

Langsam hebt dein Traumschiff vom Boden ab. – Es trägt dich sanft zum Himmel hinauf. Völlig losgelöst und frei schwebst du dem Sternenhimmel entgegen. Ganz sanft streichelt der Wind deine Haut. Wo auch immer der Wind dich berührt, du fühlst ihn und genießt die angenehme Berührung ...
Wie fühlt sich der Wind an? Ist er angenehm warm? ...
Oder erfrischend kühl? ...
Genieße das freie Gefühl, ganz sanft zu schweben ...
ODER KLANGSCHALE

Du schwebst an vielen Sternen vorbei. Sie leuchten, glitzern und blinken in vielen Farben ...

Ein Stern fällt dir besonders auf. Er ist rot ...
Mal strahlt und leuchtet er ganz hell ...
Dann funkelt er in einem dunklen Rot ...
ODER KLANGSCHALE

Du bist neugierig und fliegst mit deinem Traumschiff langsam zum roten Stern ...

Dein Traumschiff landet ganz weich – Du bist angekommen und fühlst dich sofort **ganz wohl, – ganz sicher** und **ganz geborgen** ...
ODER KLANGSCHALE

DIE ANKUNFT

Teil der gelenkten Reise

Du steigst aus deinem Traumschiff und stehst am sandigen Ufer eines breiten Flusses. Du stehst auf rotem Sand, so, wie du ihn noch nie gesehen hast. An manchen Stellen ist der Strand hellrot, – an anderen ganz dunkelrot. – Die Sonne geht langsam unter, und die letzten Sonnenstrahlen lassen den roten Stern wunderschön leuchten und glitzern ...
ODER KLANGSCHALE

Du **fühlst** den Sand an deinen nackten Füßen ...
Ganz sanft gebettet, stehst du im angenehm warmen Sand. – Willst du ihn noch besser fühlen? Spiel doch ein bisschen mit deinen Zehen im Sand ...
Komm jetzt wieder zur Ruhe ...

Du stehst am Fluss inmitten einer weiten Landschaft. Sieh dir den Fluss an. Unglaublich, das Wasser ist rot, wunderschön rot. Die Wellen glitzern in der untergehenden Sonne ...
Es weht ein sanfter, angenehmer Wind. – Du **fühlst** ihn in deinem Gesicht. – Kannst du das Rauschen des Windes **hören**? ...

Hier am Fluss fühlst du dich frei, ganz befreit. Du bist gelöst und unbeschwert ...
Du kannst dich ausruhen, entspannen und träumen ...
ODER KLANGSCHALE

DIE RÜCKKEHR

Rücknahme – mental

Du fühlst dich wohl auf dem roten Stern, völlig sicher und ganz geborgen. Doch jetzt ist es an der Zeit, wieder zu gehen. Zuvor darfst du ein Geschenk als Erinnerung an diese schöne Reise mitnehmen. Such dir etwas aus ...
Was auch immer es ist, es ist sehr schön, und du freust dich von Herzen über dieses Andenken.

Geh jetzt zu deinem Traumschiff. – Es wartet schon auf dich ...
Mach es dir wieder in seinem Inneren bequem. Nun kann die Heimreise losgehen.

Langsam hebt dein Traumschiff vom Boden ab. – Es trägt dich sanft zum Himmel, und völlig losgelöst und frei schwebst du dem Sternenhimmel entgegen. Ganz sanft streichelt der Wind deine Haut. Wo auch immer der Wind dich berührt, du fühlst ihn und genießt die angenehme Berührung ...
Wie fühlt sich der Wind an? Ist er angenehm warm? ...
Oder erfrischend kühl? ...
Genieße das freie Gefühl, ganz sanft zu schweben ...
ODER KLANGSCHALE

Dein Traumschiff landet ganz weich. – Du bist angekommen und fühlst dich sofort **ganz wohl, – ganz sicher** und **ganz geborgen** ...
ODER KLANGSCHALE

DIE RÜCKNAHME

(Wenn die Reise am Tage zur Entspannung mit Ihrem Kind durchgeführt wurde, sollten Sie den Kreislauf Ihres Kindes mit diesem Teil der Reise wieder anregen. Vor dem Schlafengehen entfällt dieser Teil selbstverständlich.)

Rücknahme – körperlich

Nimm deine Finger wahr. – Beginne mit ganz kleinen Bewegungen. Vielleicht willst du mit den Fingerspitzen ganz sanft auf den Untergrund trommeln. – Lass jetzt deinen ganzen Körper in Bewegung kommen. Rekel und streck dich in alle Richtungen. Wenn du gähnen willst, dann gähne, ohne dabei die Hand vor den Mund zu halten. Greife zum Himmel, und ziehe Sterne zu dir herab. Wenn du möchtest, setze deine Wünsche auf die Sterne, – hole dir deine Wunschträume vom Himmel.

(Nun kann Ihr Kind noch die Do-In-Massage machen.)

Die zweite Reise zum roten Stern

Wenn du willst, kannst du die Augen schließen. Wahrscheinlich fallen sie dir sowieso gleich von alleine zu ... Nimm deinen Atem wahr. – Fühle die Bewegung deiner Brust beim Atmen. – Spüre, wie sich dein Bauch hebt und senkt. – Fühle die Atemluft. – Nimm ihre Temperatur wahr. –

Stell dir einmal vor, es ist spät am Abend. Du schaust zum sternenklaren Himmel hinauf und siehst den wunderschönen, großen Mond ...
Ganz ruhig und friedlich steht er am Himmel und schaut auf dich herab. Fast scheint es, als würde der Mond dich anlächeln ...
Lächle doch einfach zurück. Schenk ihm dein wunderschönes **Lächeln** ...
ODER KLANGSCHALE

Der große Mond sieht schwer aus ...
Und auch du fühlst dich angenehm schwer. Du bist schwer, – angenehm **schwer** ...
ODER KLANGSCHALE

Es ist ganz ruhig – Und wenn du den friedvollen Mond ansiehst, dann fühlst auch du dich völlig beruhigt. Du bist ruhig, – ganz **ruhig** ...
ODER KLANGSCHALE

Der Mond lädt dich zu einer Reise zu den Sternen ein, und du willst sehr gerne mitreisen. Doch womit sollst du fliegen? Der Mond sagt: »Denk dir dein Traumschiff so, wie du es gerne haben möchtest. Ich helfe dir dabei.«

»Ist dein Schiff eins, das auch auf dem Wasser schwimmen kann? – Hat es Segel oder schwimmt es von ganz alleine?« ...

»Wünschst du dir lieber Wolken, die dich sanft und wohlbehütet zu den Sternen tragen? Wie sieht deine Traumschiffwolke aus?« ...

»Ist dein Traumschiff vielleicht ein fliegender Teppich?« ...

Vielleicht siehst du auch ein ganz anderes Traumschiff. Lass es einfach entstehen ...

Es ist jetzt Zeit, in dein Traumschiff einzusteigen. Mach es dir bequem. Du nimmst auf einer kuscheligen Decke Platz. Sie fühlt sich ganz weich an. – Und auch du bist angenehm **weich** ... ganz weich und **ruhig** ... ganz ruhig und **entspannt** ...
ODER KLANGSCHALE

Langsam hebt dein Traumschiff vom Boden ab. – Es trägt dich sanft zum Himmel hinauf. Völlig losgelöst und frei schwebst du dem Sternenhimmel entgegen. Ganz sanft streichelt der Wind deine Haut. Wo auch immer der Wind dich berührt, du fühlst ihn und genießt die angenehme Berührung ...
Wie fühlt sich der Wind an? Ist er angenehm warm? ...
Oder erfrischend kühl? ...
Genieße das freie Gefühl, ganz sanft zu schweben ...
ODER KLANGSCHALE

Du schwebst an vielen Sternen vorbei. Sie leuchten, glitzern und blinken in vielen Farben ...

Ein Stern fällt dir besonders auf. Er ist rot ...
Mal strahlt und leuchtet er ganz hell ...
Dann funkelt er in einem dunklen Rot ...
ODER KLANGSCHALE

Du bist neugierig und fliegst mit deinem Traumschiff langsam zum roten Stern ...

Dein Traumschiff landet ganz weich. – Du bist angekommen und fühlst dich sofort **ganz wohl, – ganz sicher** und **ganz geborgen** ...
ODER KLANGSCHALE

Du steigst aus deinem Traumschiff und stehst am sandigen Ufer eines breiten Flusses. Hier weht ein sanfter, angenehmer Wind. Du stehst auf rotem Sand, so, wie du ihn noch nie gesehen hast. An manchen Stellen ist der Strand hellrot, – an anderen ganz dunkelrot. – Die Sonne geht langsam unter, und die letzten Sonnenstrahlen lassen den roten Stern wunderschön leuchten und glitzern ...

ODER KLANGSCHALE

Hier am Fluss fühlst du dich frei, ganz befreit. Du bist gelöst und unbeschwert ... Du kannst dich ausruhen, entspannen und träumen.

TEIL DER UNGELENKTEN REISE

Schau dich in Ruhe auf dem roten Stern um. Du bist hier vollkommen sicher und geborgen. Vielleicht siehst du jetzt auch noch ganz andere Farben und Dinge. **Höre, – fühle, – rieche,** – was immer du gerade wahrnimmst.

Ich werde jetzt einige Zeit nicht mit dir reden. Lass dich treiben, und genieße den Moment ...

ODER KLANGSCHALE

Du fühlst dich wohl auf dem roten Stern, völlig sicher und ganz geborgen. Doch jetzt ist es an der Zeit, wieder zu gehen. Zuvor darfst du ein Geschenk als Erinnerung an diese schöne Reise mitnehmen. Such dir etwas aus ...

Was auch immer es ist, es ist sehr schön, und du freust dich von Herzen über dieses Andenken.

Geh jetzt zu deinem Traumschiff. – Es wartet schon auf dich ...

Mach es dir wieder in seinem Inneren bequem. Nun kann die Heimreise losgehen.

Langsam hebt dein Traumschiff vom Boden ab. – Es trägt dich sanft zum Himmel, und völlig losgelöst und frei schwebst du dem Sternenhimmel entgegen. Ganz sanft streichelt der Wind deine Haut. Wo auch immer der Wind dich berührt, du fühlst ihn und genießt die angenehme Berührung ...

Wie fühlt sich der Wind an? Ist er angenehm warm? ... Oder erfrischend kühl? ...

Genieße das freie Gefühl, ganz sanft zu schweben ...

ODER KLANGSCHALE

Dein Traumschiff landet ganz weich. – Du bist angekommen und fühlst dich sofort **ganz wohl, – ganz sicher** und **ganz geborgen** ...

ODER KLANGSCHALE

(Wenn die Reise am Tage zur Entspannung mit Ihrem Kind durchgeführt wurde, sollten Sie den Kreislauf Ihres Kindes mit diesem Teil der Reise wieder anregen. Vor dem Schlafengehen entfällt dieser Teil selbstverständlich.)

Nimm deine Finger wahr. – Beginne mit ganz kleinen Bewegungen. Vielleicht willst du mit den Fingerspitzen ganz sanft auf den Untergrund trommeln. – Lass jetzt deinen ganzen Körper in Bewegung kommen. Rekel und streck dich in alle Richtungen. Wenn du gähnen willst, dann gähne, ohne dabei die Hand vor den Mund zu halten. Greife zum Himmel, und ziehe Sterne zu dir herab. Wenn du möchtest, setze deine Wünsche auf die Sterne, – hole dir deine Wunschträume vom Himmel.

(Nun kann Ihr Kind noch die Do-In-Massage machen.)

Die dritte Reise zum roten Stern

Wenn du willst, kannst du die Augen schließen. Wahrscheinlich fallen sie dir sowieso gleich von alleine zu ... Nimm deinen Atem wahr. – Fühle die Bewegung deiner Brust beim Atmen. – Spüre, wie sich dein Bauch hebt und senkt. – Fühle die Atemluft. – Nimm ihre Temperatur wahr. –

Stell dir einmal vor, es ist spät am Abend. Du schaust zum sternenklaren Himmel hinauf und siehst den wunderschönen, großen Mond ...
Ganz ruhig und friedlich steht er am Himmel und schaut auf dich herab. Fast scheint es, als würde der Mond dich anlächeln ...
Lächle doch einfach zurück. Schenk ihm dein wunderschönes **Lächeln** ...
ODER KLANGSCHALE

Der große Mond sieht schwer aus ...
Und auch du fühlst dich angenehm schwer. Du bist schwer, – angenehm **schwer** ...
ODER KLANGSCHALE

Es ist ganz ruhig. – Und wenn du den friedvollen Mond ansiehst, dann fühlst auch du dich völlig beruhigt. Du bist ruhig, – ganz **ruhig** ...
ODER KLANGSCHALE

Der Mond lädt dich zu einer Reise zu den Sternen ein, und du willst sehr gerne mitreisen. Doch womit sollst du fliegen? Der Mond sagt: »Denk dir dein Traumschiff so, wie du es gerne haben möchtest. Ich helfe dir dabei.«

»Ist dein Schiff eins, das auch auf dem Wasser schwimmen kann? – Hat es Segel oder schwimmt es von ganz alleine?« ...

»Wünschst du dir lieber Wolken, die dich sanft und wohlbehütet zu den Sternen tragen? Wie sieht deine Traumschiffwolke aus?« ...

»Ist dein Traumschiff vielleicht ein fliegender Teppich?« ...

Vielleicht siehst du auch ein ganz anderes Traumschiff. Lass es einfach entstehen ...

Es ist jetzt Zeit, in dein Traumschiff einzusteigen. Mach es dir bequem. Du nimmst auf einer kuscheligen Decke Platz. Sie fühlt sich ganz weich an – Und auch du bist angenehm **weich** ... ganz weich und **ruhig** ... ganz ruhig und **entspannt** ...
ODER KLANGSCHALE

Langsam hebt dein Traumschiff vom Boden ab. – Es trägt dich sanft zum Himmel hinauf. Völlig losgelöst und frei schwebst du dem Sternenhimmel entgegen. Ganz sanft streichelt der Wind deine Haut. Wo auch immer der Wind dich berührt, du fühlst ihn und genießt die angenehme Berührung ...

Wie fühlt sich der Wind an? Ist er angenehm warm? ... Oder erfrischend kühl? ...

Genieße das freie Gefühl, ganz sanft zu schweben ...

ODER KLANGSCHALE

Du schwebst an vielen Sternen vorbei. Sie leuchten, glitzern und blinken in vielen Farben ...

Ein Stern fällt dir besonders auf. Er ist rot ...
Mal strahlt und leuchtet er ganz hell ...
Dann funkelt er in einem dunklen Rot ...

ODER KLANGSCHALE

Du bist neugierig und fliegst mit deinem Traumschiff langsam zum roten Stern ...

Dein Traumschiff landet ganz weich. – Du bist angekommen und fühlst dich sofort **ganz wohl, – ganz sicher** und **ganz geborgen** ...

ODER KLANGSCHALE

Du steigst aus deinem Traumschiff und stehst am sandigen Ufer eines breiten Flusses. Hier weht ein sanfter, angenehmer Wind. Du stehst auf rotem Sand, so, wie du ihn noch nie gesehen hast. An manchen Stellen ist der Strand hellrot, – an anderen ganz dunkelrot – Die Sonne geht langsam unter, und die letzten Sonnenstrahlen lassen den roten Stern wunderschön leuchten und glitzern ...
ODER KLANGSCHALE

Hier am Fluss fühlst du dich frei, ganz befreit. Du bist gelöst und unbeschwert ... Du kannst dich ausruhen, entspannen und träumen.

AUTOGENE FORMELN

Schwere

Die langsam untergehende Sonne trägt eine Gemächlichkeit und Schwere in sich. Auch du kannst diese angenehme Schwere fühlen ...
Du fühlst dich angenehm schwer ...
Du bist schwer, – angenehm **schwer** ...
Genieße die Schwere ...
ODER KLANGSCHALE

Wärme

Die Strahlen der untergehenden Sonne sind angenehm
warm. Du fühlst ihre wohlige Wärme auf deiner Haut ...
Willst du die Wärme noch besser fühlen, dann drehe
langsam deine Handflächen in Richtung Himmel ...
Komm wieder zur Ruhe ...
Auch du fühlst dich angenehm warm ...
Du bist warm, – ganz **warm** ...
Genieße die Wärme ...
ODER KLANGSCHALE

Atem

Du spürst den Wind auf deiner Haut. – Ganz gleich-
mäßig berührt er dich, fast so, als wolle er über dein
Gesicht streicheln – Du atmest die angenehme Luft ein.
Willst du deinen Atem noch besser fühlen, dann lege
deine Hände ganz langsam und vorsichtig auf deine
Brust, und fühle, wie der Atem sie bewegt ...
Komm wieder zur Ruhe ...
Du fühlst deinen Atem. – Du atmest ganz **ruhig** und
gleichmäßig ...
Genieße deinen Atem ...
ODER KLANGSCHALE

Entspannung

Schau jetzt auf das Wasser. Ganz ruhig und gemächlich fließt der Fluss dahin. ... Alles treibt mit ihm davon.

Gib deine Anspannung in den Fluss. – Lass los. – Und wenn du willst und es dir guttut, atme deine Spannung langsam aus – Alles, was dich anspannt, treibt jetzt im Fluss davon.

Du fühlst dich ganz weich ...

Du bist weich, – und ganz **entspannt** ...

Genieße die Entspannung ...

ODER KLANGSCHALE

Ruhe

Gib auch deine Gedanken und alles, was dir auf dem Herzen liegt, –

was dich bedrückt oder belastet, in den Fluss. – Lass los. –

Alles treibt davon ...

Du fühlst dich völlig frei – **befreit** –

Du fühlst dich ganz leicht – **erleichtert** –

Du bist befreit, – erleichtert – und ganz **gelöst** ...

ODER KLANGSCHALE

Die Sonne ist untergegangen. Es ist ganz still –

Der rote Stern ist nun zur Ruhe gekommen.

Die Ruhe überträgt sich auf dich.

Du fühlst dich ruhig, – völlig beruhigt –

Du bist ruhig, – ganz **ruhig** ...

Genieße die Ruhe ...

ODER KLANGSCHALE

Du fühlst dich wohl auf dem roten Stern, völlig sicher und ganz geborgen. Doch jetzt ist es an der Zeit, wieder zu gehen. Zuvor darfst du ein Geschenk als Erinnerung an diese schöne Reise mitnehmen. Such dir etwas aus ...

Was auch immer es ist, es ist sehr schön, und du freust dich von Herzen über dieses Andenken.

Geh jetzt zu deinem Traumschiff. – Es wartet schon auf dich ...

Mach es dir wieder in seinem Inneren bequem. Nun kann die Heimreise losgehen.

Langsam hebt dein Traumschiff vom Boden ab. – Es trägt dich sanft zum Himmel, und völlig losgelöst und frei schwebst du dem Sternenhimmel entgegen. Ganz sanft streichelt der Wind deine Haut. Wo auch immer der Wind dich berührt, du fühlst ihn und genießt die angenehme Berührung ...

Wie fühlt sich der Wind an? Ist er angenehm warm? ...
Oder erfrischend kühl? ...

Genieße das freie Gefühl, ganz sanft zu schweben ...

ODER KLANGSCHALE

Dein Traumschiff landet ganz weich. – Du bist angekommen und fühlst dich sofort **ganz wohl, – ganz sicher** und **ganz geborgen** ...

ODER KLANGSCHALE

(Wenn die Reise am Tage zur Entspannung mit Ihrem Kind durchgeführt wurde, sollten Sie den Kreislauf Ihres Kindes mit diesem Teil der Reise wieder anregen. Vor dem Schlafengehen entfällt dieser Teil selbstverständlich.)

Nimm deine Finger wahr. – Beginne mit ganz kleinen Bewegungen. Vielleicht willst du mit den Fingerspitzen ganz sanft auf den Untergrund trommeln. – Lass jetzt deinen ganzen Körper in Bewegung kommen. Rekel und streck dich in alle Richtungen. Wenn du gähnen willst, dann gähne, ohne dabei die Hand vor den Mund zu halten. Greife zum Himmel, und ziehe Sterne zu dir herab. Wenn du möchtest, setze deine Wünsche auf die Sterne, – hole dir deine Wunschträume vom Himmel.

(Nun kann Ihr Kind noch die Do-In-Massage machen.)

Die Reisen zum blauen Stern

Die erste Reise zum blauen Stern

Wenn du willst, kannst du die Augen schließen. Wahrscheinlich fallen sie dir sowieso gleich von alleine zu ... Nimm deinen Atem wahr. – Fühle die Bewegung deiner Brust beim Atmen. – Spüre, wie sich dein Bauch hebt und senkt. – Fühle die Atemluft. – Nimm ihre Temperatur wahr. –

Stell dir einmal vor, es ist spät am Abend. Du schaust zum sternenklaren Himmel hinauf und siehst den wunderschönen, großen Mond ...
Ganz ruhig und friedlich steht er am Himmel und schaut auf dich herab. Fast scheint es, als würde der Mond dich anlächeln ...
Lächle doch einfach zurück. Schenk ihm dein wunderschönes **Lächeln** ...
ODER KLANGSCHALE

Der große Mond sieht schwer aus ...
Und auch du fühlst dich angenehm schwer. Du bist schwer, – angenehm **schwer** ...
ODER KLANGSCHALE

Es ist ganz ruhig – Und wenn du den friedvollen Mond ansiehst, dann fühlst auch du dich völlig beruhigt. Du bist ruhig, – ganz **ruhig** ...
ODER KLANGSCHALE

Der Mond lädt dich zu einer Reise zu den Sternen ein, und du willst sehr gerne mitreisen. Doch womit sollst du fliegen? Der Mond sagt: »Denk dir dein Traumschiff so, wie du es gerne haben möchtest. Ich helfe dir dabei.«

»Ist dein Schiff eins, das auch auf dem Wasser schwimmen kann? – Hat es Segel oder schwimmt es von ganz alleine?« ...

»Wünschst du dir lieber Wolken, die dich sanft und wohlbehütet zu den Sternen tragen? Wie sieht deine Traumschiffwolke aus?« ...

»Ist dein Traumschiff vielleicht ein fliegender Teppich?« ...

Vielleicht siehst du auch ein ganz anderes Traumschiff. Lass es einfach entstehen ...

Es ist jetzt Zeit, in dein Traumschiff einzusteigen. Mach es dir bequem. Du nimmst auf einer kuscheligen Decke Platz. Sie fühlt sich ganz weich an. – Und auch du bist angenehm **weich** ... ganz weich und **ruhig** ... ganz ruhig und **entspannt** ...

ODER KLANGSCHALE

Langsam hebt dein Traumschiff vom Boden ab. – Es
trägt dich sanft zum Himmel hinauf. Völlig losgelöst
und frei schwebst du dem Sternenhimmel entgegen.
Ganz sanft streichelt der Wind deine Haut. Wo auch
immer der Wind dich berührt, du fühlst ihn und genießt
die angenehme Berührung ...
Wie fühlt sich der Wind an? Ist er angenehm warm? ...
Oder erfrischend kühl? ...
Genieße das freie Gefühl, ganz sanft zu schweben ...
ODER KLANGSCHALE

Dein Traumschiff schwebt an vielen Sternen vorbei. Sie
leuchten in verschiedenen Farben, – und haben die unterschiedlichsten Formen ...

Ein Stern fällt dir besonders auf. Er ist blau und strahlt,
funkelt und glitzert. – Mal leuchtet er hell und klar, fast
schon in Türkis ...
Dann erstrahlt er in einem warmen dunklen Blau ...
oder in einem frischen Himmelblau ...
ODER KLANGSCHALE

Du fliegst mit deinem Traumschiff langsam zum blauen
Stern ...
Du bist neugierig und willst den Stern erkunden.
Dein Traumschiff landet ganz weich. – Du bist angekom-
men und fühlst dich sofort **ganz wohl, – ganz sicher** und
ganz geborgen ...
ODER KLANGSCHALE

Du steigst aus deinem Traumschiff aus und stehst inmitten einer weiten Landschaft auf einem kleinen steinigen Hügel. Die Sonne scheint angenehm warm und lässt die blauen Steine am Boden funkeln und glitzern ...
ODER KLANGSCHALE

Vielleicht willst du die Steine noch besser fühlen und berührst mit deinen Füßen? Ganz ruhig und langsam ... Komm jetzt wieder zur Ruhe ...

Du siehst dich um und entdeckst einen See. In seiner Mitte siehst du eine Insel, ...
und auf der Insel ragt ein großer Felsen empor ...

Du gehst jetzt auf den blauen Steinen zum See hinunter ... Du möchtest deine Füße im Wasser abkühlen und stellst dich mitten hinein ... Du **fühlst**, wie sanfte Wellen deine Füße umspülen, fast streicheln. Genieße dieses angenehme Gefühl ... Du **hörst** die Wellen ... Das Wasser **riecht** etwas salzig. – Und wenn du über deine Lippen leckst, kannst du das Salz **schmecken** ...

Hier am See fühlst du dich frei, ganz befreit. Du bist gelöst und unbeschwert ... Du kannst dich ausruhen, entspannen und träumen.

Du fühlst dich wohl auf dem blauen Stern, völlig sicher und ganz geborgen. Doch jetzt ist es an der Zeit, wieder zu gehen. Zuvor darfst du ein Geschenk als Erinnerung an diese schöne Reise mitnehmen. Such dir etwas aus ...
Was auch immer es ist, es ist sehr schön, und du freust dich von Herzen über dieses Andenken.

Geh jetzt zu deinem Traumschiff. – Es wartet schon auf dich ... Mach es dir wieder in seinem Inneren bequem. Nun kann die Heimreise losgehen.

Langsam hebt dein Traumschiff vom Boden ab. – Es trägt dich sanft zum Himmel, und völlig losgelöst und frei schwebst du dem Sternenhimmel entgegen. Ganz sanft streichelt der Wind deine Haut. Wo auch immer der Wind dich berührt, du fühlst ihn und genießt die angenehme Berührung ...
Wie fühlt sich der Wind an? Ist er angenehm warm? ...
Oder erfrischend kühl? ...
Genieße das freie Gefühl, ganz sanft zu schweben ...
ODER KLANGSCHALE

Dein Traumschiff landet ganz weich. – Du bist angekommen und fühlst dich sofort **ganz wohl, – ganz sicher** und **ganz geborgen** ...
ODER KLANGSCHALE

(Wenn Sie die Reise am Tage zur Entspannung mit Ihrem Kind durchgeführt wurde, sollten Sie den Kreislauf Ihres Kindes mit diesem Teil der Reise wieder anregen. Vor dem Schlafengehen entfällt dieser Teil selbstverständlich.)

Nimm deine Finger wahr. – Beginne mit ganz kleinen Bewegungen. Vielleicht willst du mit den Fingerspitzen ganz sanft auf den Untergrund trommeln. – Lass jetzt deinen ganzen Körper in Bewegung kommen. Rekel und streck dich in alle Richtungen. Wenn du gähnen willst, dann gähne, ohne dabei die Hand vor den Mund zu halten. Greife zum Himmel, und ziehe Sterne zu dir herab. Wenn du möchtest, setze deine Wünsche auf die Sterne, – hole dir deine Wunschträume vom Himmel.

(Nun kann Ihr Kind noch die Do-In-Massage machen.)

Die zweite Reise zum blauen Stern

Wenn du willst, kannst du die Augen schließen. Wahrscheinlich fallen sie dir sowieso gleich von alleine zu ... Nimm deinen Atem wahr. – Fühle die Bewegung deiner Brust beim Atmen. – Spüre, wie sich dein Bauch hebt und senkt. – Fühle die Atemluft. – Nimm ihre Temperatur wahr. –

Stell dir einmal vor, es ist spät am Abend. Du schaust zum sternenklaren Himmel hinauf und siehst den wunderschönen, großen Mond ...
Ganz ruhig und friedlich steht er am Himmel und schaut auf dich herab. Fast scheint es, als würde der Mond dich anlächeln ...
Lächle doch einfach zurück. Schenk ihm dein wunderschönes **Lächeln** ...
ODER KLANGSCHALE

Der große Mond sieht schwer aus ...
Und auch du fühlst dich angenehm schwer. Du bist schwer, – angenehm **schwer** ...
ODER KLANGSCHALE

Es ist ganz ruhig – Und wenn du den friedvollen Mond ansiehst, dann fühlst auch du dich völlig beruhigt. Du bist ruhig, – ganz **ruhig** ...
ODER KLANGSCHALE

Der Mond lädt dich zu einer Reise zu den Sternen ein, und du willst sehr gerne mitreisen. Doch womit sollst du fliegen? Der Mond sagt: »Denk dir dein Traumschiff so, wie du es gerne haben möchtest. Ich helfe dir dabei.«

»Ist dein Schiff eins, das auch auf dem Wasser schwimmen kann? – Hat es Segel oder schwimmt es von ganz alleine?« ...

»Wünschst du dir lieber Wolken, die dich sanft und wohlbehütet zu den Sternen tragen? Wie sieht deine Traumschiffwolke aus?« ...

»Ist dein Traumschiff vielleicht ein fliegender Teppich?« ...

Vielleicht siehst du auch ein ganz anderes Traumschiff. Lass es einfach entstehen ...

Es ist jetzt Zeit, in dein Traumschiff einzusteigen. Mach es dir bequem. Du nimmst auf einer kuscheligen Decke Platz. Sie fühlt sich ganz weich an. – Und auch du bist angenehm **weich** ... ganz weich und **ruhig** ... ganz ruhig und **entspannt** ...

ODER KLANGSCHALE

Langsam hebt dein Traumschiff vom Boden ab. – Es trägt dich sanft zum Himmel hinauf. Völlig losgelöst und frei schwebst du dem Sternenhimmel entgegen. Ganz sanft streichelt der Wind deine Haut. Wo auch immer der Wind dich berührt, du fühlst ihn und genießt die angenehme Berührung ...
Wie fühlt sich der Wind an? Ist er angenehm warm? ... Oder erfrischend kühl? ...
Genieße das freie Gefühl, ganz sanft zu schweben ...
ODER KLANGSCHALE

Dein Traumschiff schwebt an vielen Sternen vorbei. Sie leuchten in verschiedenen Farben – und haben die unterschiedlichsten Formen ...

Ein Stern fällt dir besonders auf. Er ist blau und strahlt, funkelt und glitzert. – Mal leuchtet er hell und klar, fast schon in Türkis ...
Dann erstrahlt er in einem warmen dunklen Blau ...
oder in einem frischen Himmelblau ...
ODER KLANGSCHALE

Du fliegst mit deinem Traumschiff langsam zum blauen Stern ...
Du bist neugierig und willst den Stern erkunden.
Dein Traumschiff landet ganz weich. – Du bist angekommen und fühlst dich sofort **ganz wohl, – ganz sicher** und **ganz geborgen** ...
ODER KLANGSCHALE

Du steigst aus deinem Traumschiff aus und stehst in-mitten einer weiten Landschaft auf einem kleinen stei-nigen Hügel. Die Sonne scheint angenehm warm und lässt die blauen Steine am Boden funkeln und glitzern. Du siehst dich um und entdeckst einen See. In seiner Mitte siehst du eine Insel, ... und auf der Insel ragt ein großer Felsen empor ...
ODER KLANGSCHALE

Hier am See fühlst du dich frei, ganz befreit. Du bist gelöst und unbeschwert ...
Du kannst dich ausruhen, entspannen und träumen.

Schau dich in Ruhe auf dem blauen Stern um. Du bist hier vollkommen sicher und geborgen. Vielleicht siehst du jetzt auch noch ganz andere Farben und Dinge. **Höre, – fühle, – rieche, –** was immer du gerade wahr-nimmst.

Ich werde jetzt einige Zeit nicht mit dir reden. Lass dich treiben, und genieße den Moment ...

Du fühlst dich wohl auf dem blauen Stern, völlig sicher und ganz geborgen. Doch jetzt ist es an der Zeit, wieder zu gehen. Zuvor darfst du ein Geschenk als Erinnerung an diese schöne Reise mitnehmen. Such dir etwas aus ...
Was auch immer es ist, es ist sehr schön, und du freust dich von Herzen über dieses Andenken.

Geh jetzt zu deinem Traumschiff – Es wartet schon auf dich ... Mach es dir wieder in seinem Inneren bequem. Nun kann die Heimreise losgehen.

Langsam hebt dein Traumschiff vom Boden ab – Es trägt dich sanft zum Himmel, und völlig losgelöst und frei schwebst du dem Sternenhimmel entgegen. Ganz sanft streichelt der Wind deine Haut. Wo auch immer der Wind dich berührt, du fühlst ihn und genießt die angenehme Berührung ...
Wie fühlt sich der Wind an? Ist er angenehm warm? ... Oder erfrischend kühl? ...
Genieße das freie Gefühl, ganz sanft zu schweben ...
ODER KLANGSCHALE

Dein Traumschiff landet ganz weich. – Du bist angekommen und fühlst dich sofort **ganz wohl, – ganz sicher** und **ganz geborgen** ...
ODER KLANGSCHALE

(Wenn die Reise am Tage zur Entspannung mit Ihrem Kind durchgeführt wurde, sollten Sie den Kreislauf Ihres Kindes mit diesem Teil der Reise wieder anregen. Vor dem Schlafengehen entfällt dieser Teil selbstverständlich.)

Nimm deine Finger wahr. – Beginne mit ganz kleinen Bewegungen. Vielleicht willst du mit den Fingerspitzen ganz sanft auf den Untergrund trommeln. – Lass jetzt deinen ganzen Körper in Bewegung kommen. Rekel und streck dich in alle Richtungen. Wenn du gähnen willst, dann gähne, ohne dabei die Hand vor den Mund zu halten. Greife zum Himmel, und ziehe Sterne zu dir herab. Wenn du möchtest, setze deine Wünsche auf die Sterne, – hole dir deine Wunschträume vom Himmel.

(Nun kann Ihr Kind noch die Do-In-Massage machen.)

Die dritte Reise zum blauen Stern

Wenn du willst, kannst du die Augen schließen. Wahrscheinlich fallen sie dir sowieso gleich von alleine zu ... Nimm deinen Atem wahr. – Fühle die Bewegung deiner Brust beim Atmen. – Spüre, wie sich dein Bauch hebt und senkt. – Fühle die Atemluft. – Nimm ihre Temperatur wahr. –

Stell dir einmal vor, es ist spät am Abend. Du schaust zum sternenklaren Himmel hinauf und siehst den wunderschönen, großen Mond ...
Ganz ruhig und friedlich steht er am Himmel und schaut auf dich herab. Fast scheint es, als würde der Mond dich anlächeln ...
Lächle doch einfach zurück. Schenk ihm dein wunderschönes **Lächeln** ...
ODER KLANGSCHALE

Der große Mond sieht schwer aus ...
Und auch du fühlst dich angenehm schwer. Du bist schwer – angenehm **schwer** ...
ODER KLANGSCHALE

Es ist ganz ruhig – Und wenn du den friedvollen Mond ansiehst, dann fühlst auch du dich völlig beruhigt. Du bist ruhig – ganz **ruhig** ...
ODER KLANGSCHALE

Der Mond lädt dich zu einer Reise zu den Sternen ein, und du willst sehr gerne mitreisen. Doch womit sollst du fliegen? Der Mond sagt: »Denk dir dein Traumschiff so, wie du es gerne haben möchtest. Ich helfe dir dabei.«

»Ist dein Schiff eins, das auch auf dem Wasser schwimmen kann? – Hat es Segel oder schwimmt es von ganz alleine?« ...

»Wünschst du dir lieber Wolken, die dich sanft und wohlbehütet zu den Sternen tragen? Wie sieht deine Traumschiffwolke aus?« ...

»Ist dein Traumschiff vielleicht ein fliegender Teppich?« ...

Vielleicht siehst du auch ein ganz anderes Traumschiff. Lass es einfach entstehen ...

Es ist jetzt Zeit, in dein Traumschiff einzusteigen. Mach es dir bequem. Du nimmst auf einer kuscheligen Decke Platz. Sie fühlt sich ganz weich an – Und auch du bist angenehm **weich** ... ganz weich und **ruhig** ... ganz ruhig und **entspannt** ...
ODER KLANGSCHALE

Langsam hebt dein Traumschiff vom Boden ab. – Es trägt dich sanft zum Himmel hinauf. Völlig losgelöst und frei schwebst du dem Sternenhimmel entgegen. Ganz sanft streichelt der Wind deine Haut. Wo auch immer der Wind dich berührt, du fühlst ihn und genießt die angenehme Berührung ...
Wie fühlt sich der Wind an? Ist er angenehm warm? ... Oder erfrischend kühl? ...
Genieße das freie Gefühl, ganz sanft zu schweben ...
ODER KLANGSCHALE

Dein Traumschiff schwebt an vielen Sternen vorbei. Sie leuchten in verschiedenen Farben – und haben die unterschiedlichsten Formen ...

Ein Stern fällt dir besonders auf. Er ist blau und strahlt, funkelt und glitzert – Mal leuchtet er hell und klar, fast schon in Türkis ...
Dann erstrahlt er in einem warmen dunklen Blau ...
oder in einem frischen Himmelblau ...
ODER KLANGSCHALE

Du fliegst mit deinem Traumschiff langsam zum blauen Stern ...
Du bist neugierig und willst den Stern erkunden.
Dein Traumschiff landet ganz weich. – Du bist angekommen und fühlst dich sofort **ganz wohl, – ganz sicher** und **ganz geborgen** ...
ODER KLANGSCHALE

Du steigst aus deinem Traumschiff aus und stehst inmitten einer weiten Landschaft auf einem kleinen steinigen Hügel. Die Sonne scheint angenehm warm und lässt die blauen Steine am Boden funkeln und glitzern. Du siehst dich um und entdeckst einen See. In seiner Mitte siehst du eine Insel ... und auf der Insel ragt ein großer Felsen empor ...

ODER KLANGSCHALE

Hier am See fühlst du dich frei, ganz befreit. Du bist gelöst und unbeschwert ...
Du kannst dich ausruhen, entspannen und träumen.

Sieh dir den blauen Felsen auf der Insel an. Groß und schwer steht er auf der Insel ...
Und auch du fühlst dich angenehm schwer ...
Du bist schwer – angenehm **schwer** ...
Genieße die Schwere ...

ODER KLANGSCHALE

Du gehst an den See hinunter und machst ein paar Schritte im Wasser. Die Sonne scheint ganz warm vom wolkenlosen Himmel herab, und du genießt das angenehm kühle Wasser – Es erfrischt dich ...
Du fühlst die angenehme Kühle an deinen Füßen ...
Du fühlst dich angenehm kühl –
Du bist kühl – angenehm **kühl** ...
Genieße die Erfrischung ...

ODER KLANGSCHALE

Vom großen blauen Felsen auf der Insel strömt ein Wasserfall in den See. Du hörst das Rauschen des Wassers ...
Gib deine Anspannung in den Wasserfall. – Lass los. – Und die Spannung fällt von dir ab. – Wenn du willst und es dir gut tut, atme deine Spannung langsam aus. – Alles, was dich anspannt, fällt mit dem Wasser in den See.
Du fühlst dich ganz weich ...
Du bist weich – und ganz **entspannt** ...
Genieße die Entspannung ...
ODER KLANGSCHALE

Gib auch deine Gedanken und alles, was dir auf dem Herzen liegt, – was dich bedrückt oder belastet, in den Wasserfall. – Lass los. – Alles fällt von dir ab ...
Du fühlst dich völlig frei – **befreit** –
Du fühlst dich ganz leicht – **erleichtert** –
Du bist befreit, – erleichtert – und ganz **gelöst** ...
ODER KLANGSCHALE

Ganz gleichmäßig fällt das Wasser vom Felsen in den See. Das wirkt sehr beruhigend, und diese Ruhe überträgt sich auf dich.
Du fühlst dich ruhig, – völlig beruhigt –
Du bist ruhig, – ganz **ruhig** ...
Genieße die Ruhe ...
ODER KLANGSCHALE

Auf dem blauen Stern weht ein sanfter Wind. Du spürst ihn auf deiner Haut. – Es ist ein sehr angenehmes Gefühl ...

Ganz bewusst atmest du die Luft ein.

Willst du deinen Atem noch besser fühlen, dann lege deine Hände ganz langsam und vorsichtig auf deine Brust, und fühle, wie der Atem sie bewegt ...

Komm wieder zur Ruhe ...

Du fühlst deinen Atem. – Du atmest ganz **ruhig** und **gleichmäßig** ...

Genieße deinen Atem ...

ODER KLANGSCHALE

Du fühlst dich wohl auf dem blauen Stern, völlig sicher und ganz geborgen. Doch jetzt ist es an der Zeit, wieder zu gehen. Zuvor darfst du ein Geschenk als Erinnerung an diese schöne Reise mitnehmen. Such dir etwas aus ...
Was auch immer es ist, es ist sehr schön, und du freust dich von Herzen über dieses Andenken.

Geh jetzt zu deinem Traumschiff. – Es wartet schon auf dich ... Mach es dir wieder in seinem Inneren bequem. Nun kann die Heimreise losgehen.

Langsam hebt dein Traumschiff vom Boden ab. – Es trägt dich sanft zum Himmel, und völlig losgelöst und frei schwebst du dem Sternenhimmel entgegen. Ganz sanft streichelt der Wind deine Haut. Wo auch immer der Wind dich berührt, du fühlst ihn und genießt die angenehme Berührung ...
Wie fühlt sich der Wind an? Ist er angenehm warm? ... Oder erfrischend kühl? ...
Genieße das freie Gefühl, ganz sanft zu schweben ...
ODER KLANGSCHALE

Dein Traumschiff landet ganz weich. – Du bist angekommen und fühlst dich sofort **ganz wohl, – ganz sicher** und **ganz geborgen** ...
ODER KLANGSCHALE

(Wenn die Reise am Tage zur Entspannung mit Ihrem Kind durchgeführt wurde, sollten Sie den Kreislauf Ihres Kindes mit diesem Teil der Reise wieder anregen. Vor dem Schlafengehen entfällt dieser Teil selbstverständlich.)

Nimm deine Finger wahr. – Beginne mit ganz kleinen Bewegungen. Vielleicht willst du mit den Fingerspitzen ganz sanft auf den Untergrund trommeln. – Lass jetzt deinen ganzen Körper in Bewegung kommen. Rekel und streck dich in alle Richtungen. Wenn du gähnen willst, dann gähne, ohne dabei die Hand vor den Mund zu halten. Greife zum Himmel, und ziehe Sterne zu dir herab. Wenn du möchtest, setze deine Wünsche auf die Sterne, – hole dir deine Wunschträume vom Himmel.

(Nun kann Ihr Kind noch die Do-In-Massage machen.)

Die Reisen zum gelben Stern

Die erste Reise zum gelben Stern

Wenn du willst, kannst du die Augen schließen. Wahrscheinlich fallen sie dir sowieso gleich von alleine zu ... Nimm deinen Atem wahr. – Fühle die Bewegung deiner Brust beim Atmen. – Spüre, wie sich dein Bauch hebt und senkt. – Fühle die Atemluft. – Nimm ihre Temperatur wahr. –

Stell dir einmal vor, es ist spät am Abend. Du schaust zum sternenklaren Himmel hinauf und siehst den wunderschönen, großen Mond ...
Ganz ruhig und friedlich steht er am Himmel und schaut auf dich herab. Fast scheint es, als würde der Mond dich anlächeln ...
Lächle doch einfach zurück. Schenk ihm dein wunderschönes **Lächeln** ...
ODER KLANGSCHALE

Der große Mond sieht schwer aus ...
Und auch du fühlst dich angenehm schwer. Du bist schwer, – angenehm **schwer** ...
ODER KLANGSCHALE

Es ist ganz ruhig – Und wenn du den friedvollen Mond ansiehst, dann fühlst auch du dich völlig beruhigt. Du bist ruhig, – ganz **ruhig** ...
ODER KLANGSCHALE

Der Mond lädt dich zu einer Reise zu den Sternen ein, und du willst sehr gerne mitreisen. Doch womit sollst du fliegen? Der Mond sagt: »Denk dir dein Traumschiff so, wie du es gerne haben möchtest. Ich helfe dir dabei.«

»Ist dein Schiff eins, das auch auf dem Wasser schwimmen kann? – Hat es Segel oder schwimmt es von ganz alleine?« ...

»Wünschst du dir lieber Wolken, die dich sanft und wohlbehütet zu den Sternen tragen? Wie sieht deine Traumschiffwolke aus?« ...

»Ist dein Traumschiff vielleicht ein fliegender Teppich?« ...

Vielleicht siehst du auch ein ganz anderes Traumschiff. Lass es einfach entstehen ...

Es ist jetzt Zeit, in dein Traumschiff einzusteigen. Mach es dir bequem. Du nimmst auf einer kuscheligen Decke Platz. Sie fühlt sich ganz weich an. – Und auch du bist angenehm **weich** ... ganz weich und **ruhig** ... ganz ruhig und **entspannt** ...

ODER KLANGSCHALE

Langsam hebt dein Traumschiff vom Boden ab. – Es trägt dich sanft zum Himmel hinauf. Völlig losgelöst und frei schwebst du dem Sternenhimmel entgegen. Ganz sanft streichelt der Wind deine Haut. Wo auch immer der Wind dich berührt, du fühlst ihn und genießt die angenehme Berührung ...
Wie fühlt sich der Wind an? Ist er angenehm warm? ...
Oder erfrischend kühl? ...
Genieße das freie Gefühl, ganz sanft zu schweben ...
ODER KLANGSCHALE

Du schwebst an vielen Sternen vorbei. Sie leuchten, glitzern und blinken in vielen Farben ...

Ein Stern fällt dir besonders auf. Er ist gelb ...
Mal strahlt er hell ...
Dann sieht er dunkelgelb, fast schon orange aus ...
ODER KLANGSCHALE

Du bist neugierig und fliegst mit deinem Traumschiff langsam zum gelben Stern ...
Dein Traumschiff landet ganz weich. – Du bist angekommen und fühlst dich sofort **ganz wohl, – ganz sicher** und **ganz geborgen** ...
ODER KLANGSCHALE

Du steigst aus deinem Traumschiff aus. Die Sonne scheint angenehm warm, und am Himmel ziehen einige kleine Wolken vorüber. – Du stehst auf einem kleinen Hügel und siehst von hier oben einen breiten Fluss ...

Eine Schar Vögel fliegt am Himmel vorüber. Du **hörst** ihr Zwitschern, wenn sie im Flug miteinander spielen ... Du stehst auf gelbem Moos, solchem Moos, wie du es noch nie gesehen hast. Es fühlt sich ganz weich und flauschig an. Du genießt das Gefühl an deinen Füßen ... Willst du es noch besser **fühlen**, dann spiele mit deinen Zehen im Moos ...
Komm jetzt wieder zur Ruhe ...
ODER KLANGSCHALE

Du gehst ein paar Schritte und fühlst das weiche Moos an deinen Füßen. Du kommst an einen Fluss. Es ist unglaublich, aber das Wasser ist gelb. Die Wellen glitzern im Sonnenschein ...
Ein sanfter und angenehmer Wind weht. – Du **fühlst** den Wind in deinem Gesicht – Kannst du das Rauschen des Windes **hören**? ...
ODER KLANGSCHALE

Hier auf dem Hügel fühlst du dich frei, ganz befreit. Du bist gelöst und unbeschwert ... Du kannst dich ausruhen, entspannen und träumen ...
ODER KLANGSCHALE

Du fühlst dich wohl auf dem gelben Stern, völlig sicher und ganz geborgen. Doch jetzt ist es an der Zeit, wieder zu gehen. Zuvor darfst du ein Geschenk als Erinnerung an diese schöne Reise mitnehmen. Such dir etwas aus ...

Was auch immer es ist, es ist sehr schön, und du freust dich von Herzen über dieses Andenken.

Geh jetzt zu deinem Traumschiff. – Es wartet schon auf dich ... Mach es dir wieder in seinem Inneren bequem. Nun kann die Heimreise losgehen.

Langsam hebt dein Traumschiff vom Boden ab. – Es trägt dich sanft zum Himmel, und völlig losgelöst und frei schwebst du dem Sternenhimmel entgegen. Ganz sanft streichelt der Wind deine Haut. Wo auch immer der Wind dich berührt, du fühlst ihn und genießt die angenehme Berührung ...

Wie fühlt sich der Wind an? Ist er angenehm warm? ... Oder erfrischend kühl? ...

Genieße das freie Gefühl, ganz sanft zu schweben ...

ODER KLANGSCHALE

Dein Traumschiff landet ganz weich. – Du bist angekommen und fühlst dich sofort **ganz wohl, – ganz sicher** und **ganz geborgen** ...

ODER KLANGSCHALE

(Wenn die Reise am Tage zur Entspannung mit Ihrem Kind durchgeführt wurde, sollten Sie den Kreislauf Ihres Kindes mit diesem Teil der Reise wieder anregen. Vor dem Schlafengehen entfällt dieser Teil selbstverständlich.)

Nimm deine Finger wahr. – Beginne mit ganz kleinen Bewegungen. Vielleicht willst du mit den Fingerspitzen ganz sanft auf den Untergrund trommeln. – Lass jetzt deinen ganzen Körper in Bewegung kommen. Rekel und streck dich in alle Richtungen. Wenn du gähnen willst, dann gähne, ohne dabei die Hand vor den Mund zu halten. Greife zum Himmel, und ziehe Sterne zu dir herab. Wenn du möchtest, setze deine Wünsche auf die Sterne, – hole dir deine Wunschträume vom Himmel.

(Nun kann Ihr Kind noch die Do-In-Massage machen.)

Die zweite Reise zum gelben Stern

Wenn du willst, kannst du die Augen schließen. Wahrscheinlich fallen sie dir sowieso gleich von alleine zu ... Nimm deinen Atem wahr. – Fühle die Bewegung deiner Brust beim Atmen. – Spüre, wie sich dein Bauch hebt und senkt. – Fühle die Atemluft. – Nimm ihre Temperatur wahr. –

Stell dir einmal vor, es ist spät am Abend. Du schaust zum sternenklaren Himmel hinauf und siehst den wunderschönen, großen Mond ...
Ganz ruhig und friedlich steht er am Himmel und schaut auf dich herab. Fast scheint es, als würde der Mond dich anlächeln ...
Lächle doch einfach zurück. Schenk ihm dein wunderschönes **Lächeln** ...
ODER KLANGSCHALE

Der große Mond sieht schwer aus ...
Und auch du fühlst dich angenehm schwer. Du bist schwer, – angenehm **schwer** ...
ODER KLANGSCHALE

Es ist ganz ruhig – Und wenn du den friedvollen Mond ansiehst, dann fühlst auch du dich völlig beruhigt. Du bist ruhig, – ganz **ruhig** ...
ODER KLANGSCHALE

Der Mond lädt dich zu einer Reise zu den Sternen ein, und du willst sehr gerne mitreisen. Doch womit sollst du fliegen? Der Mond sagt: »Denk dir dein Traumschiff so, wie du es gerne haben möchtest. Ich helfe dir dabei.«

»Ist dein Schiff eins, das auch auf dem Wasser schwimmen kann? – Hat es Segel oder schwimmt es von ganz alleine?« ...

»Wünschst du dir lieber Wolken, die dich sanft und wohlbehütet zu den Sternen tragen? Wie sieht deine Traumschiffwolke aus?« ...

»Ist dein Traumschiff vielleicht ein fliegender Teppich?« ...

Vielleicht siehst du auch ein ganz anderes Traumschiff. Lass es einfach entstehen ...

Es ist jetzt Zeit, in dein Traumschiff einzusteigen. Mach es dir bequem. Du nimmst auf einer kuscheligen Decke Platz. Sie fühlt sich ganz weich an. – Und auch du bist angenehm **weich** ... ganz weich und **ruhig** ... ganz ruhig und **entspannt** ...

ODER KLANGSCHALE

Langsam hebt dein Traumschiff vom Boden ab. – Es trägt dich sanft zum Himmel hinauf. Völlig losgelöst und frei schwebst du dem Sternenhimmel entgegen. Ganz sanft streichelt der Wind deine Haut. Wo auch immer der Wind dich berührt, du fühlst ihn und genießt die angenehme Berührung ...
Wie fühlt sich der Wind an? Ist er angenehm warm? ...
Oder erfrischend kühl? ...
Genieße das freie Gefühl, ganz sanft zu schweben ...
ODER KLANGSCHALE

Du schwebst an vielen Sternen vorbei. Sie leuchten, glitzern und blinken in vielen Farben ...

Ein Stern fällt dir besonders auf. Er ist gelb ...
Mal strahlt er hell ...
Dann sieht er dunkelgelb, fast schon orange aus ...
ODER KLANGSCHALE

Du bist neugierig und fliegst mit deinem Traumschiff langsam zum gelben Stern ...
Dein Traumschiff landet ganz weich. – Du bist angekommen und fühlst dich sofort **ganz wohl, – ganz sicher** und **ganz geborgen** ...
ODER KLANGSCHALE

Du steigst aus deinem Traumschiff aus. Die Sonne scheint angenehm warm, und am Himmel ziehen einige kleine Wolken vorüber – Du stehst auf einem kleinen Hügel und siehst von hier oben einen breiten Fluss ...

Eine Schar Vögel fliegt am Himmel vorüber. Du **hörst** ihr Zwitschern, wenn sie im Flug miteinander spielen ... Du stehst auf gelbem Moos, solchem Moos, wie du es noch nie gesehen hast ...
ODER KLANGSCHALE

Hier auf dem Hügel fühlst du dich frei, ganz befreit. Du bist gelöst und unbeschwert ... Du kannst dich ausruhen, entspannen und träumen.

Schau dich in Ruhe auf dem gelben Stern um. Du bist hier vollkommen sicher und geborgen. Vielleicht siehst du jetzt auch noch ganz andere Farben und Dinge. **Höre, – fühle, – rieche,** – was immer du gerade wahrnimmst.
Ich werde jetzt einige Zeit nicht mit dir reden. Lass dich treiben, und genieße den Moment ...
ODER KLANGSCHALE

Du fühlst dich wohl auf dem gelben Stern, völlig sicher und ganz geborgen. Doch jetzt ist es an der Zeit, wieder zu gehen. Zuvor darfst du ein Geschenk als Erinnerung an diese schöne Reise mitnehmen. Such dir etwas aus ...
Was auch immer es ist, es ist sehr schön, und du freust dich von Herzen über dieses Andenken.

Geh jetzt zu deinem Traumschiff. – Es wartet schon auf dich ... Mach es dir wieder in seinem Inneren bequem. Nun kann die Heimreise losgehen.

Langsam hebt dein Traumschiff vom Boden ab. – Es trägt dich sanft zum Himmel, und völlig losgelöst und frei schwebst du dem Sternenhimmel entgegen. Ganz sanft streichelt der Wind deine Haut. Wo auch immer der Wind dich berührt, du fühlst ihn und genießt die angenehme Berührung ...
Wie fühlt sich der Wind an? Ist er angenehm warm? ...
Oder erfrischend kühl? ...
Genieße das freie Gefühl, ganz sanft zu schweben ...
ODER KLANGSCHALE

Dein Traumschiff landet ganz weich. – Du bist angekommen und fühlst dich sofort **ganz wohl, – ganz sicher** und **ganz geborgen** ...
ODER KLANGSCHALE

(Wenn die Reise am Tage zur Entspannung mit Ihrem Kind durchgeführt wurde, sollten Sie den Kreislauf Ihres Kindes mit diesem Teil der Reise wieder anregen. Vor dem Schlafengehen entfällt dieser Teil selbstverständlich.)

Nimm deine Finger wahr. – Beginne mit ganz kleinen Bewegungen. Vielleicht willst du mit den Fingerspitzen ganz sanft auf den Untergrund trommeln. – Lass jetzt deinen ganzen Körper in Bewegung kommen. Rekel und streck dich in alle Richtungen. Wenn du gähnen willst, dann gähne, ohne dabei die Hand vor den Mund zu halten. Greife zum Himmel, und ziehe Sterne zu dir herab. Wenn du möchtest, setze deine Wünsche auf die Sterne, – hole dir deine Wunschträume vom Himmel.

(Nun kann Ihr Kind noch die Do-In-Massage machen.)

Die dritte Reise zum gelben Stern

Wenn du willst, kannst du die Augen schließen. Wahrscheinlich fallen sie dir sowieso gleich von alleine zu ... Nimm deinen Atem wahr. – Fühle die Bewegung deiner Brust beim Atmen. – Spüre, wie sich dein Bauch hebt und senkt. – Fühle die Atemluft. – Nimm ihre Temperatur wahr. –

Stell dir einmal vor, es ist spät am Abend. Du schaust zum sternenklaren Himmel hinauf und siehst den wunderschönen, großen Mond ...
Ganz ruhig und friedlich steht er am Himmel und schaut auf dich herab. Fast scheint es, als würde der Mond dich anlächeln ...
Lächle doch einfach zurück. Schenk ihm dein wunderschönes **Lächeln** ...
ODER KLANGSCHALE

Der große Mond sieht schwer aus ...
Und auch du fühlst dich angenehm schwer. Du bist schwer, – angenehm **schwer** ...
ODER KLANGSCHALE

Es ist ganz ruhig – Und wenn du den friedvollen Mond ansiehst, dann fühlst auch du dich völlig beruhigt. Du bist ruhig, – ganz **ruhig** ...
ODER KLANGSCHALE

Der Mond lädt dich zu einer Reise zu den Sternen ein, und du willst sehr gerne mitreisen. Doch womit sollst du fliegen? Der Mond sagt: »Denk dir dein Traumschiff so, wie du es gerne haben möchtest. Ich helfe dir dabei.«

»Ist dein Schiff eins, das auch auf dem Wasser schwimmen kann? – Hat es Segel oder schwimmt es von ganz alleine?« ...

»Wünschst du dir lieber Wolken, die dich sanft und wohlbehütet zu den Sternen tragen? Wie sieht deine Traumschiffwolke aus?« ...

»Ist dein Traumschiff vielleicht ein fliegender Teppich?« ...

Vielleicht siehst du auch ein ganz anderes Traumschiff. Lass es einfach entstehen ...

Es ist jetzt Zeit, in dein Traumschiff einzusteigen. Mach es dir bequem. Du nimmst auf einer kuscheligen Decke Platz. Sie fühlt sich ganz weich an. – Und auch du bist angenehm **weich** ... ganz weich und **ruhig** ... ganz ruhig und **entspannt** ...

ODER KLANGSCHALE

Langsam hebt dein Traumschiff vom Boden ab. – Es trägt dich sanft zum Himmel hinauf. Völlig losgelöst und frei schwebst du dem Sternenhimmel entgegen. Ganz sanft streichelt der Wind deine Haut. Wo auch immer der Wind dich berührt, du fühlst ihn und genießt die angenehme Berührung ...
Wie fühlt sich der Wind an? Ist er angenehm warm? ...
Oder erfrischend kühl? ...
Genieße das freie Gefühl, ganz sanft zu schweben ...
ODER KLANGSCHALE

Du schwebst an vielen Sternen vorbei. Sie leuchten, glitzern und blinken in vielen Farben ...

Ein Stern fällt dir besonders auf. Er ist gelb ...
Mal strahlt er hell ...
Dann sieht er dunkelgelb, fast schon orange aus ...
ODER KLANGSCHALE

Du bist neugierig und fliegst mit deinem Traumschiff langsam zum gelben Stern ...
Dein Traumschiff landet ganz weich. – Du bist angekommen und fühlst dich sofort **ganz wohl, – ganz sicher** und **ganz geborgen** ...
ODER KLANGSCHALE

Du steigst aus deinem Traumschiff aus. Die Sonne scheint angenehm warm, und am Himmel ziehen einige kleine Wolken vorüber – Du stehst auf einem kleinen Hügel und siehst von hier oben einen breiten Fluss ...

Eine Schar Vögel fliegt am Himmel vorüber. Du **hörst** ihr Zwitschern, wenn sie im Flug miteinander spielen ... Du stehst auf gelbem Moos, solchem Moos, wie du es noch nie gesehen hast ...
ODER KLANGSCHALE

Hier auf dem Hügel fühlst du dich frei, ganz befreit. Du bist gelöst und unbeschwert ... Du kannst dich ausruhen, entspannen und träumen.

Vor dir liegt ein gelber Stein. Er leuchtet und funkelt in einem warmen Gelb. Du hebst ihn auf. Er ist schwer, aber du kannst ihn gut tragen. Du fühlst sein Gewicht – Er ist angenehm schwer ...
Willst du die Schwere noch besser fühlen, dann bewege deine Hände ganz langsam und vorsichtig, und hebe den Stein hoch ... Komm wieder zur Ruhe ...
Auch du fühlst dich angenehm schwer ...
Du bist schwer, – angenehm **schwer** ...
Genieße die Schwere ...
ODER KLANGSCHALE

Der Stein ist angenehm warm. Du fühlst die Wärme in deinen Händen ...
Willst du die Wärme noch besser fühlen, dann drücke den Stein in wenig ... Komm wieder zur Ruhe...
Auch du fühlst dich wohlig warm ...
Du bist warm, – ganz **warm** ...
Genieße die Wärme ...
ODER KLANGSCHALE

Du spürst den Wind auf deiner Haut. – Ganz gleichmäßig streichelt er über dein Gesicht. – Du atmest die angenehme Luft ein.
Willst du deinen Atem noch besser fühlen, dann lege deine Hände ganz langsam und vorsichtig auf deine Brust, und fühle, wie der Atem sie bewegt ...
Komm wieder zur Ruhe ...
Du fühlst deinen Atem. – Du atmest ganz **ruhig** und **gleichmäßig** ...
Genieße deinen Atem ...
ODER KLANGSCHALE

Schau jetzt auf das Wasser. Ganz ruhig und gemächlich fließt der Fluss dahin ... Alles treibt mit ihm davon.
Gib deine Anspannung in den Fluss. – Lass los. – Und wenn du willst und es dir guttut, atme deine Spannung langsam aus – Alles, was dich anspannt, treibt jetzt im Fluss davon.

Du fühlst dich ganz weich ...
Du bist weich – und ganz **entspannt** ...
Genieße die Entspannung ...
ODER KLANGSCHALE

Gib auch deine Gedanken und alles, was dir auf dem Herzen liegt, –
was dich bedrückt oder belastet. in den Fluss. – Lass los. –
Alles treibt davon ...
Du fühlst dich völlig frei – **befreit** –
Du fühlst dich ganz leicht – **erleichtert** –
Du bist befreit – erleichtert – und ganz **gelöst** ...
ODER KLANGSCHALE

Es ist ganz still. – Der gelbe Stern ist nun zur Ruhe gekommen.
Die Ruhe überträgt sich auf dich.
Du fühlst dich ruhig – völlig beruhigt –
Du bist ruhig – ganz **ruhig** ...
Genieße die Ruhe ...
ODER KLANGSCHALE

Du fühlst dich wohl auf dem gelben Stern, völlig sicher und ganz geborgen. Doch jetzt ist es an der Zeit, wieder zu gehen. Zuvor darfst du ein Geschenk als Erinnerung an diese schöne Reise mitnehmen. Such dir etwas aus ...
Was auch immer es ist, es ist sehr schön, und du freust dich von Herzen über dieses Andenken.

Geh jetzt zu deinem Traumschiff – Es wartet schon auf dich ... Mach es dir wieder in seinem Inneren bequem. Nun kann die Heimreise losgehen.

Langsam hebt dein Traumschiff vom Boden ab – Es trägt dich sanft zum Himmel, und völlig losgelöst und frei schwebst du dem Sternenhimmel entgegen. Ganz sanft streichelt der Wind deine Haut. Wo auch immer der Wind dich berührt, du fühlst ihn und genießt die angenehme Berührung ...
Wie fühlt sich der Wind an? Ist er angenehm warm? ...
Oder erfrischend kühl? ...
Genieße das freie Gefühl, ganz sanft zu schweben ...
ODER KLANGSCHALE

Dein Traumschiff landet ganz weich. – Du bist angekommen und fühlst dich sofort **ganz wohl, – ganz sicher** und **ganz geborgen** ...
ODER KLANGSCHALE

(Wenn die Reise am Tage zur Entspannung mit Ihrem Kind durchgeführt wurde, sollten Sie den Kreislauf Ihres Kindes mit diesem Teil der Reise wieder anregen. Vor dem Schlafengehen entfällt dieser Teil selbstverständlich.)

Nimm deine Finger wahr. – Beginne mit ganz kleinen Bewegungen. Vielleicht willst du mit den Fingerspitzen ganz sanft auf den Untergrund trommeln. – Lass jetzt deinen ganzen Körper in Bewegung kommen. Rekel und streck dich in alle Richtungen. Wenn du gähnen willst, dann gähne, ohne dabei die Hand vor den Mund zu halten. Greife zum Himmel, und ziehe Sterne zu dir herab. Wenn du möchtest, setze deine Wünsche auf die Sterne, – hole dir deine Wunschträume vom Himmel.

(Nun kann Ihr Kind noch die Do-In-Massage machen.)

Die Reisen zum grünen Stern

Die erste Reise zum grünen Stern

Wenn du willst, kannst du die Augen schließen. Wahrscheinlich fallen sie dir sowieso gleich von alleine zu ... Nimm deinen Atem wahr. – Fühle die Bewegung deiner Brust beim Atmen. – Spüre, wie sich dein Bauch hebt und senkt. – Fühle die Atemluft. – Nimm ihre Temperatur wahr. –

Stell dir einmal vor, es ist spät am Abend. Du schaust zum sternenklaren Himmel hinauf und siehst den wunderschönen, großen Mond ...
Ganz ruhig und friedlich steht er am Himmel und schaut auf dich herab. Fast scheint es, als würde der Mond dich anlächeln ...
Lächle doch einfach zurück. Schenk ihm dein wunderschönes **Lächeln** ...
ODER KLANGSCHALE

Der große Mond sieht schwer aus ...
Und auch du fühlst dich angenehm schwer. Du bist schwer, – angenehm **schwer** ...
ODER KLANGSCHALE

Es ist ganz ruhig – Und wenn du den friedvollen Mond ansiehst, dann fühlst auch du dich völlig beruhigt. Du bist ruhig, – ganz **ruhig** ...
ODER KLANGSCHALE

Der Mond lädt dich zu einer Reise zu den Sternen ein, und du willst sehr gerne mitreisen. Doch womit sollst du fliegen? Der Mond sagt: »Denk dir dein Traumschiff so, wie du es gerne haben möchtest. Ich helfe dir dabei.«

»Ist dein Schiff eins, das auch auf dem Wasser schwimmen kann? – Hat es Segel oder schwimmt es von ganz alleine?« ...

»Wünschst du dir lieber Wolken, die dich sanft und wohlbehütet zu den Sternen tragen? Wie sieht deine Traumschiffwolke aus?« ...

»Ist dein Traumschiff vielleicht ein fliegender Teppich?« ...

Vielleicht siehst du auch ein ganz anderes Traumschiff. Lass es einfach entstehen ...

Es ist jetzt Zeit, in dein Traumschiff einzusteigen. Mach es dir bequem. Du nimmst auf einer kuscheligen Decke Platz. Sie fühlt sich ganz weich an. – Und auch du bist angenehm **weich** ... ganz weich und **ruhig** ... ganz ruhig und **entspannt** ...
ODER KLANGSCHALE

Langsam hebt dein Traumschiff vom Boden ab. – Es trägt dich sanft zum Himmel hinauf. Völlig losgelöst und frei schwebst du dem Sternenhimmel entgegen. Ganz sanft streichelt der Wind deine Haut. Wo auch immer der Wind dich berührt, du fühlst ihn und genießt die angenehme Berührung ...
Wie fühlt sich der Wind an? Ist er angenehm warm? ...
Oder erfrischend kühl? ...
Genieße das freie Gefühl, ganz sanft zu schweben ...
ODER KLANGSCHALE

Dein Traumschiff schwebt an vielen Sternen vorbei. Sie leuchten in verschiedenen Farben, – und haben die unterschiedlichsten Formen ...

Ein Stern fällt dir besonders auf. Er ist grün und strahlt, funkelt und glitzert –
Mal leuchtet er hellgrün und klar ...
Dann erstrahlt er in einem angenehm warmen Dunkelgrün ...
Genieße dieses Farbenspiel ...
ODER KLANGSCHALE

Du fliegst mit deinem Traumschiff langsam auf den grünen Stern zu. – Er kommt näher und näher. – Du bist neugierig und willst den Stern erkunden.
Dein Traumschiff landet ganz weich. – Du bist angekommen und fühlst dich sofort **ganz wohl, – ganz sicher** und **ganz geborgen** ...
ODER KLANGSCHALE

Du steigst aus deinem Traumschiff aus und stehst auf einer großen Lichtung im Wald ... Die Sonne scheint von einem strahlend blauen Himmel herab. – Das Sonnenlicht bricht sich zwischen den großen Bäumen, die die Lichtung umgeben ...

Du **siehst** die Bäume mit ihren kräftigen Stämmen. – Ganz oben erkennst du ihre dünnen Äste ... Du stehst auf einer Wiese und kannst die Grashalme an deinen Füßen **fühlen** ... Das Gras duftet herrlich frisch im Sonnenlicht ... Vielleicht spielst du ein wenig mit deinen Füßen im Gras. Ganz langsam und vorsichtig ...
Komm jetzt wieder zur Ruhe ...
Im Wald **hörst** du Vögel zwitschern ... Ein Specht klopft gegen einen Baum ... Die Erde **riecht** ein wenig modrig, aber ganz natürlich und angenehm ...

Du gehst ein paar Schritte und fühlst weiches Moos unter deinen Füßen. ... Du kommst an einen Fluss. Es ist unglaublich, aber das Wasser ist grün. Die Wellen glitzern im Sonnenschein ...
Ein sanfter und angenehmer Wind weht. – Du **fühlst** den Wind in deinem Gesicht. – Kannst du das Rauschen des Windes **hören**? ...
ODER KLANGSCHALE

Hier auf der Waldlichtung fühlst du dich frei, ganz befreit. Du bist gelöst und unbeschwert ... Du kannst dich ausruhen, entspannen und träumen.

Du fühlst dich wohl auf dem grünen Stern, völlig sicher und ganz geborgen. Doch jetzt ist es an der Zeit, wieder zu gehen. Zuvor darfst du ein Geschenk als Erinnerung an diese schöne Reise mitnehmen. Such dir etwas aus ...
Was auch immer es ist, es ist sehr schön, und du freust dich von Herzen über dieses Andenken.

Geh jetzt zu deinem Traumschiff. – Es wartet schon auf dich ... Mach es dir wieder in seinem Inneren bequem. Nun kann die Heimreise losgehen.

Langsam hebt dein Traumschiff vom Boden ab. – Es trägt dich sanft zum Himmel, und völlig losgelöst und frei schwebst du dem Sternenhimmel entgegen. Ganz sanft streichelt der Wind deine Haut. Wo auch immer der Wind dich berührt, du fühlst ihn und genießt die angenehme Berührung ...
Wie fühlt sich der Wind an? Ist er angenehm warm? ... Oder erfrischend kühl? ...
Genieße das freie Gefühl, ganz sanft zu schweben ...
ODER KLANGSCHALE

Dein Traumschiff landet ganz weich. – Du bist angekommen und fühlst dich sofort **ganz wohl, – ganz sicher** und **ganz geborgen** ...
ODER KLANGSCHALE

(Wenn die Reise am Tage zur Entspannung mit Ihrem Kind durchgeführt wurde, sollten Sie den Kreislauf Ihres Kindes mit diesem Teil der Reise wieder anregen. Vor dem Schlafengehen entfällt dieser Teil selbstverständlich.)

Nimm deine Finger wahr. – Beginne mit ganz kleinen Bewegungen. Vielleicht willst du mit den Fingerspitzen ganz sanft auf den Untergrund trommeln. – Lass jetzt deinen ganzen Körper in Bewegung kommen. Rekel und streck dich in alle Richtungen. Wenn du gähnen willst, dann gähne, ohne dabei die Hand vor den Mund zu halten. Greife zum Himmel, und ziehe Sterne zu dir herab. Wenn du möchtest, setze deine Wünsche auf die Sterne, – hole dir deine Wunschträume vom Himmel.

(Nun kann Ihr Kind noch die Do-In-Massage machen.)

Die zweite Reise zum grünen Stern

Wenn du willst, kannst du die Augen schließen. Wahrscheinlich fallen sie dir sowieso gleich von alleine zu ... Nimm deinen Atem wahr. – Fühle die Bewegung deiner Brust beim Atmen. – Spüre, wie sich dein Bauch hebt und senkt. – Fühle die Atemluft. – Nimm ihre Temperatur wahr. –

Stell dir einmal vor, es ist spät am Abend. Du schaust zum sternenklaren Himmel hinauf und siehst den wunderschönen, großen Mond ...
Ganz ruhig und friedlich steht er am Himmel und schaut auf dich herab. Fast scheint es, als würde der Mond dich anlächeln ...
Lächle doch einfach zurück. Schenk ihm dein wunderschönes **Lächeln** ...
ODER KLANGSCHALE

Der große Mond sieht schwer aus ...
Und auch du fühlst dich angenehm schwer. Du bist schwer, – angenehm **schwer** ...
ODER KLANGSCHALE

Es ist ganz ruhig – Und wenn du den friedvollen Mond ansiehst, dann fühlst auch du dich völlig beruhigt. Du bist ruhig, – ganz **ruhig** ...
ODER KLANGSCHALE

Der Mond lädt dich zu einer Reise zu den Sternen ein, und du willst sehr gerne mitreisen. Doch womit sollst du fliegen? Der Mond sagt: »Denk dir dein Traumschiff so, wie du es gerne haben möchtest. Ich helfe dir dabei.«

»Ist dein Schiff eins, das auch auf dem Wasser schwimmen kann? – Hat es Segel oder schwimmt es von ganz alleine?« ...

»Wünschst du dir lieber Wolken, die dich sanft und wohlbehütet zu den Sternen tragen? Wie sieht deine Traumschiffwolke aus?« ...

»Ist dein Traumschiff vielleicht ein fliegender Teppich?« ...

Vielleicht siehst du auch ein ganz anderes Traumschiff. Lass es einfach entstehen ...

Es ist jetzt Zeit, in dein Traumschiff einzusteigen. Mach es dir bequem. Du nimmst auf einer kuscheligen Decke Platz. Sie fühlt sich ganz weich an. – Und auch du bist angenehm **weich** ... ganz weich und **ruhig** ... ganz ruhig und **entspannt** ...

ODER KLANGSCHALE

Langsam hebt dein Traumschiff vom Boden ab. – Es trägt dich sanft zum Himmel hinauf. Völlig losgelöst und frei schwebst du dem Sternenhimmel entgegen. Ganz sanft streichelt der Wind deine Haut. Wo auch immer der Wind dich berührt, du fühlst ihn und genießt die angenehme Berührung ...
Wie fühlt sich der Wind an? Ist er angenehm warm? ...
Oder erfrischend kühl? ...
Genieße das freie Gefühl, ganz sanft zu schweben ...
ODER KLANGSCHALE

Dein Traumschiff schwebt an vielen Sternen vorbei. Sie leuchten in verschiedenen Farben, – und haben die unterschiedlichsten Formen ...

Ein Stern fällt dir besonders auf. Er ist grün und strahlt, funkelt und glitzert –
Mal leuchtet er hellgrün und klar ...
Dann erstrahlt er in einem angenehm warmen Dunkelgrün ...
Genieße dieses Farbenspiel ...
ODER KLANGSCHALE

Du fliegst mit deinem Traumschiff langsam auf den grünen Stern zu. – Er kommt näher und näher. – Du bist neugierig und willst den Stern erkunden.
Dein Traumschiff landet ganz weich. – Du bist angekommen und fühlst dich sofort **ganz wohl, – ganz sicher** und **ganz geborgen** ...
ODER KLANGSCHALE

Du steigst aus deinem Traumschiff aus und stehst auf einer großen Lichtung im Wald ... Die Sonne scheint von einem strahlend blauen Himmel herab. – Das Sonnenlicht bricht sich zwischen den großen Bäumen, die die Lichtung umgeben ...

Du **siehst** die Bäume mit ihren kräftigen Stämmen – Ganz oben erkennst du ihre dünnen Äste ... Du stehst auf einer Wiese und kannst die Grashalme an deinen Füßen **fühlen** ... Das Gras duftet herrlich frisch im Sonnenlicht ...

Hier auf der Waldlichtung fühlst du dich frei, ganz befreit. Du bist gelöst und unbeschwert ... Du kannst dich ausruhen, entspannen und träumen.

Schau dich in Ruhe auf dem gelben Stern um. Du bist hier vollkommen sicher und geborgen. Vielleicht siehst du jetzt auch noch ganz andere Farben und Dinge. **Höre, – fühle, – rieche,** – was immer du gerade wahrnimmst.
Ich werde jetzt einige Zeit nicht mit dir reden. Lass dich treiben, und genieße den Moment ...
ODER KLANGSCHALE

Du fühlst dich wohl auf dem grünen Stern, völlig sicher und ganz geborgen. Doch jetzt ist es an der Zeit, wieder zu gehen. Zuvor darfst du ein Geschenk als Erinnerung an diese schöne Reise mitnehmen. Such dir etwas aus ...
Was auch immer es ist, es ist sehr schön, und du freust dich von Herzen über dieses Andenken.

Geh jetzt zu deinem Traumschiff – Es wartet schon auf dich ... Mach es dir wieder in seinem Inneren bequem. Nun kann die Heimreise losgehen.

Langsam hebt dein Traumschiff vom Boden ab – Es trägt dich sanft zum Himmel, und völlig losgelöst und frei schwebst du dem Sternenhimmel entgegen. Ganz sanft streichelt der Wind deine Haut. Wo auch immer der Wind dich berührt, du fühlst ihn und genießt die angenehme Berührung ...
Wie fühlt sich der Wind an? Ist er angenehm warm? ... Oder erfrischend kühl? ...
Genieße das freie Gefühl, ganz sanft zu schweben ...
ODER KLANGSCHALE

Dein Traumschiff landet ganz weich. – Du bist angekommen und fühlst dich sofort **ganz wohl, – ganz sicher** und **ganz geborgen** ...
ODER KLANGSCHALE

(Wenn die Reise am Tage zur Entspannung mit Ihrem Kind durchgeführt wurde, sollten Sie den Kreislauf Ihres Kindes mit diesem Teil der Reise wieder anregen. Vor dem Schlafengehen entfällt dieser Teil selbstverständlich.)

Nimm deine Finger wahr. – Beginne mit ganz kleinen Bewegungen. Vielleicht willst du mit den Fingerspitzen ganz sanft auf den Untergrund trommeln. – Lass jetzt deinen ganzen Körper in Bewegung kommen. Rekel und streck dich in alle Richtungen. Wenn du gähnen willst, dann gähne, ohne dabei die Hand vor den Mund zu halten. Greife zum Himmel, und ziehe Sterne zu dir herab. Wenn du möchtest, setze deine Wünsche auf die Sterne, – hole dir deine Wunschträume vom Himmel.

(Nun kann Ihr Kind noch die Do-In-Massage machen.)

Die dritte Reise zum grünen Stern

Wenn du willst, kannst du die Augen schließen. Wahrscheinlich fallen sie dir sowieso gleich von alleine zu ... Nimm deinen Atem wahr. – Fühle die Bewegung deiner Brust beim Atmen. – Spüre, wie sich dein Bauch hebt und senkt. – Fühle die Atemluft. – Nimm ihre Temperatur wahr. –

Stell dir einmal vor, es ist spät am Abend. Du schaust zum sternenklaren Himmel hinauf und siehst den wunderschönen, großen Mond ...
Ganz ruhig und friedlich steht er am Himmel und schaut auf dich herab. Fast scheint es, als würde der Mond dich anlächeln ...
Lächle doch einfach zurück. Schenk ihm dein wunderschönes **Lächeln** ...
ODER KLANGSCHALE

Der große Mond sieht schwer aus ...
Und auch du fühlst dich angenehm schwer. Du bist schwer, – angenehm **schwer** ...
ODER KLANGSCHALE

Es ist ganz ruhig – Und wenn du den friedvollen Mond ansiehst, dann fühlst auch du dich völlig beruhigt. Du bist ruhig, – ganz **ruhig** ...
ODER KLANGSCHALE

Der Mond lädt dich zu einer Reise zu den Sternen ein, und du willst sehr gerne mitreisen. Doch womit sollst du fliegen? Der Mond sagt: »Denk dir dein Traumschiff so, wie du es gerne haben möchtest. Ich helfe dir dabei.«

»Ist dein Schiff eins, das auch auf dem Wasser schwimmen kann? – Hat es Segel oder schwimmt es von ganz alleine?« ...

»Wünschst du dir lieber Wolken, die dich sanft und wohlbehütet zu den Sternen tragen? Wie sieht deine Traumschiffwolke aus?« ...

»Ist dein Traumschiff vielleicht ein fliegender Teppich?« ...

Vielleicht siehst du auch ein ganz anderes Traumschiff. Lass es einfach entstehen ...

Es ist jetzt Zeit, in dein Traumschiff einzusteigen. Mach es dir bequem. Du nimmst auf einer kuscheligen Decke Platz. Sie fühlt sich ganz weich an. – Und auch du bist angenehm **weich** ... ganz weich und **ruhig** ... ganz ruhig und **entspannt** ...
ODER KLANGSCHALE

Langsam hebt dein Traumschiff vom Boden ab. – Es trägt dich sanft zum Himmel hinauf. Völlig losgelöst und frei schwebst du dem Sternenhimmel entgegen. Ganz sanft streichelt der Wind deine Haut. Wo auch immer der Wind dich berührt, du fühlst ihn und genießt die angenehme Berührung ...

Wie fühlt sich der Wind an? Ist er angenehm warm? ...

Oder erfrischend kühl? ...

Genieße das freie Gefühl, ganz sanft zu schweben ...

ODER KLANGSCHALE

Dein Traumschiff schwebt an vielen Sternen vorbei. Sie leuchten in verschiedenen Farben, – und haben die unterschiedlichsten Formen ...

Ein Stern fällt dir besonders auf. Er ist grün und strahlt, funkelt und glitzert –

Mal leuchtet er hellgrün und klar ...

Dann erstrahlt er in einem angenehm warmen Dunkelgrün ...

Genieße dieses Farbenspiel ...

ODER KLANGSCHALE

Du fliegst mit deinem Traumschiff langsam auf den grünen Stern zu. – Er kommt näher und näher. – Du bist neugierig und willst den Stern erkunden.

Dein Traumschiff landet ganz weich. – Du bist angekommen und fühlst dich sofort **ganz wohl, – ganz sicher** und **ganz geborgen** ...

ODER KLANGSCHALE

Du steigst aus deinem Traumschiff aus und stehst auf einer großen Lichtung im Wald ... Die Sonne scheint von einem strahlend blauen Himmel herab. – Das Sonnenlicht bricht sich zwischen den großen Bäumen, die die Lichtung umgeben ...

Du **siehst** die Bäume mit ihren kräftigen Stämmen – Ganz oben erkennst du ihre dünnen Äste ... Du stehst auf einer Wiese und kannst die Grashalme an deinen Füßen **fühlen** ... Das Gras duftet herrlich frisch im Sonnenlicht ... Ein frischer Wind bewegt die Blätter der Bäume ...
Und auch das Gras der Wiese, auf der du stehst, wiegt sich sanft im Wind hin und her ...

Hier auf der Waldlichtung fühlst du dich frei, ganz befreit. Du bist gelöst und unbeschwert ... Du kannst dich ausruhen, entspannen und träumen.

Ein Baum fällt dir besonders auf. Groß und schwer steht er fest verwurzelt in der Erde ...
Auch du fühlst du dich angenehm schwer ...
Du bist schwer – angenehm **schwer** ...
Genieße die Schwere ...
ODER KLANGSCHALE

Die Luft des Waldes ist angenehm kühl. Jeder Atemzug erfrischt dich. Du fühlst die Kühle auf deiner Haut. –
Du fühlst dich angenehm kühl. –
Du bist erfrischt – und angenehm **kühl** ...
Genieße die Erfrischung
ODER KLANGSCHALE

Der Wind wiegt die Bäume ganz sanft hin und her ... Er bläst die kleinen Wolken davon ...
Gib deine Anspannung dem Wind und den kleinen Wolken mit. – Lass los. – Und sie fällt von dir ab ...
Und wenn du willst und es dir guttut, atme deine Spannung langsam aus – Alles, was dich anspannt, tragen der Wind und die Wolken davon.
Du fühlst dich ganz weich ...
Du bist weich – und ganz **entspannt** ...
Genieße die Entspannung ...
ODER KLANGSCHALE

Du spürst den Wind auf deiner Haut. – Es ist ein sehr angenehmes Gefühl. – Ganz bewusst atmest du die Luft ein.
Willst du deinen Atem noch besser fühlen, dann lege deine Hände ganz langsam und vorsichtig auf deine Brust, und fühle, wie der Atem sie bewegt ...
Komm wieder zur Ruhe ...
Du fühlst deinen Atem – Du atmest ganz **ruhig** und **gleichmäßig** ...
Genieße deinen Atem ...
ODER KLANGSCHALE

Der Wind pustet die Wolken am Himmel davon. Gib auch deine Gedanken und alles, was dir auf dem Herzen liegt, –
was dich bedrückt oder belastet, dem Wind und den Wolken mit. – Lass los. –
Alles zieht davon ...
Du fühlst dich völlig frei – **befreit** –
Du fühlst dich ganz leicht – **erleichtert** –
Du bist befreit – erleichtert – und ganz **gelöst** ...
ODER KLANGSCHALE

Ein Vogel fliegt langsam davon. Sein Zwitschern wird immer leiser. Es kehrt Ruhe ein, – eine Ruhe, die auch du fühlst ...
Du fühlst dich ruhig – völlig beruhigt –
Du bist ruhig – ganz **ruhig** ...
Genieße die Ruhe ...
ODER KLANGSCHALE

Du fühlst dich wohl auf dem grünen Stern, völlig sicher und ganz geborgen. Doch jetzt ist es an der Zeit, wieder zu gehen. Zuvor darfst du ein Geschenk als Erinnerung an diese schöne Reise mitnehmen. Such dir etwas aus ...
Was auch immer es ist, es ist sehr schön, und du freust dich von Herzen über dieses Andenken.

Geh jetzt zu deinem Traumschiff. – Es wartet schon auf dich ... Mach es dir wieder in seinem Inneren bequem. Nun kann die Heimreise losgehen.

Langsam hebt dein Traumschiff vom Boden ab. – Es trägt dich sanft zum Himmel, und völlig losgelöst und frei schwebst du dem Sternenhimmel entgegen. Ganz sanft streichelt der Wind deine Haut. Wo auch immer der Wind dich berührt, du fühlst ihn und genießt die angenehme Berührung ...
Wie fühlt sich der Wind an? Ist er angenehm warm? ... Oder erfrischend kühl? ...
Genieße das freie Gefühl, ganz sanft zu schweben ...
ODER KLANGSCHALE

Dein Traumschiff landet ganz weich. – Du bist angekommen und fühlst dich sofort **ganz wohl, – ganz sicher** und **ganz geborgen** ...
ODER KLANGSCHALE

(Wenn die Reise am Tage zur Entspannung mit Ihrem Kind durchgeführt wurde, sollten Sie den Kreislauf Ihres Kindes mit diesem Teil der Reise wieder anregen. Vor dem Schlafengehen entfällt dieser Teil selbstverständlich.)

Nimm deine Finger wahr. – Beginne mit ganz kleinen Bewegungen. Vielleicht willst du mit den Fingerspitzen ganz sanft auf den Untergrund trommeln. – Lass jetzt deinen ganzen Körper in Bewegung kommen. Rekel und streck dich in alle Richtungen. Wenn du gähnen willst, dann gähne, ohne dabei die Hand vor den Mund zu halten. Greife zum Himmel, und ziehe Sterne zu dir herab. Wenn du möchtest, setze deine Wünsche auf die Sterne, – hole dir deine Wunschträume vom Himmel.

(Nun kann Ihr Kind noch die Do-In-Massage machen.)

Die Reisen
zum Regenbogenstern

Kinder lieben Farben. Darum habe ich zum Abschluss
der Traumreisen noch einen bunten Stern als Reiseziel gewählt.

Die erste Reise zum Regenbogenstern

Wenn du willst, kannst du die Augen schließen. Wahrscheinlich fallen sie dir sowieso gleich von alleine zu … Nimm deinen Atem wahr. – Fühle die Bewegung deiner Brust beim Atmen. – Spüre, wie sich dein Bauch hebt und senkt. – Fühle die Atemluft. – Nimm ihre Temperatur wahr. –

Stell dir einmal vor, es ist spät am Abend. Du schaust zum sternenklaren Himmel hinauf und siehst den wunderschönen, großen Mond …
Ganz ruhig und friedlich steht er am Himmel und schaut auf dich herab. Fast scheint es, als würde der Mond dich anlächeln …
Lächle doch einfach zurück. Schenk ihm dein wunderschönes **Lächeln** …
ODER KLANGSCHALE

Der große Mond sieht schwer aus …
Und auch du fühlst dich angenehm schwer. Du bist schwer, – angenehm **schwer** …
ODER KLANGSCHALE

Es ist ganz ruhig – Und wenn du den friedvollen Mond ansiehst, dann fühlst auch du dich völlig beruhigt. Du bist ruhig, – ganz **ruhig** …
ODER KLANGSCHALE

Der Mond lädt dich zu einer Reise zu den Sternen ein, und du willst sehr gerne mitreisen. Doch womit sollst du fliegen? Der Mond sagt: »Denk dir dein Traumschiff so, wie du es gerne haben möchtest. Ich helfe dir dabei.«

»Ist dein Schiff eins, das auch auf dem Wasser schwimmen kann? – Hat es Segel oder schwimmt es von ganz alleine?« ...

»Wünschst du dir lieber Wolken, die dich sanft und wohlbehütet zu den Sternen tragen? Wie sieht deine Traumschiffwolke aus?« ...

»Ist dein Traumschiff vielleicht ein fliegender Teppich?« ...

Vielleicht siehst du auch ein ganz anderes Traumschiff. Lass es einfach entstehen ...

Es ist jetzt Zeit, in dein Traumschiff einzusteigen. Mach es dir bequem. Du nimmst auf einer kuscheligen Decke Platz. Sie fühlt sich ganz weich an. – Und auch du bist angenehm **weich** ... ganz weich und **ruhig** ... ganz ruhig und **entspannt** ...
ODER KLANGSCHALE

Langsam hebt dein Traumschiff vom Boden ab. – Es trägt dich sanft zum Himmel hinauf. Völlig losgelöst und frei schwebst du dem Sternenhimmel entgegen. Ganz sanft streichelt der Wind deine Haut. Wo auch immer der Wind dich berührt, du fühlst ihn und genießt die angenehme Berührung ...
Wie fühlt sich der Wind an? Ist er angenehm warm? ...
Oder erfrischend kühl? ...
Genieße das freie Gefühl, ganz sanft zu schweben ...
ODER KLANGSCHALE

Du schwebst an vielen Sternen vorbei. Sie leuchten, glitzern und blinken in vielen Farben ...

Ein Stern fällt dir besonders auf. Er ist bunt ...
Du siehst den Stern in allen Farben des Regenbogens leuchten ...
ODER KLANGSCHALE

Du bist neugierig und fliegst mit deinem Traumschiff langsam zum Regenbogenstern ...
Dein Traumschiff landet ganz weich. – Du bist angekommen und fühlst dich sofort **ganz wohl, – ganz sicher** und **ganz geborgen** ...
ODER KLANGSCHALE

Du steigst aus deinem Traumschiff aus und stehst am sandigen Ufer eines breiten Flusses. Du stehst auf buntem Sand, so, wie du ihn noch nie gesehen hast. An manchen Stellen ist der Strand rot, – an anderen grün, – manche Stellen sind violett. – Die Sonne geht langsam unter, und die letzten Sonnenstrahlen lassen den bunten Stern wunderschön leuchten und glitzern ...
ODER KLANGSCHALE

Du **fühlst** den Sand an deinen nackten Füßen ... Ganz sanft gebettet, stehst du im angenehm warmen Sand – Willst du ihn noch besser fühlen? Spiel doch ein bisschen mit deinen Zehen im Sand ...
Komm jetzt wieder zur Ruhe ...

Du stehst am Fluss inmitten einer weiten Landschaft. Sieh dir den Fluss an. Unglaublich, das Wasser ist kunterbunt. Die Wellen glitzern in der untergehenden Sonne ... Es weht ein sanfter, angenehmer Wind. – Du **fühlst** ihn in deinem Gesicht. – Kannst du das Rauschen des Windes **hören**? ...
ODER KLANGSCHALE

Hier am Fluss fühlst du dich frei, ganz befreit. Du bist gelöst und unbeschwert ... Du kannst dich ausruhen, entspannen und träumen ...
ODER KLANGSCHALE

Du fühlst dich wohl auf dem Regenbogenstern, völlig sicher und ganz geborgen. Doch jetzt ist es an der Zeit, wieder zu gehen. Zuvor darfst du ein Geschenk als Erinnerung an diese schöne Reise mitnehmen. Such dir etwas aus ...
Was auch immer es ist, es ist sehr schön, und du freust dich von Herzen über dieses Andenken.

Geh jetzt zu deinem Traumschiff. – Es wartet schon auf dich ... Mach es dir wieder in seinem Inneren bequem. Nun kann die Heimreise losgehen.

Langsam hebt dein Traumschiff vom Boden ab. – Es trägt dich sanft zum Himmel, und völlig losgelöst und frei schwebst du dem Sternenhimmel entgegen. Ganz sanft streichelt der Wind deine Haut. Wo auch immer der Wind dich berührt, du fühlst ihn und genießt die angenehme Berührung ...
Wie fühlt sich der Wind an? Ist er angenehm warm? ... Oder erfrischend kühl? ...
Genieße das freie Gefühl, ganz sanft zu schweben ...
ODER KLANGSCHALE

Dein Traumschiff landet ganz weich. – Du bist angekommen und fühlst dich sofort **ganz wohl, – ganz sicher** und **ganz geborgen** ...
ODER KLANGSCHALE

(Wenn die Reise am Tage zur Entspannung mit Ihrem Kind durchgeführt wurde, sollten Sie den Kreislauf Ihres Kindes mit diesem Teil der Reise wieder anregen. Vor dem Schlafengehen entfällt dieser Teil selbstverständlich.)

Nimm deine Finger wahr. – Beginne mit ganz kleinen Bewegungen. Vielleicht willst du mit den Fingerspitzen ganz sanft auf den Untergrund trommeln. – Lass jetzt deinen ganzen Körper in Bewegung kommen. Rekel und streck dich in alle Richtungen. Wenn du gähnen willst, dann gähne, ohne dabei die Hand vor den Mund zu halten. Greife zum Himmel, und ziehe Sterne zu dir herab. Wenn du möchtest, setze deine Wünsche auf die Sterne, – hole dir deine Wunschträume vom Himmel.

(Nun kann Ihr Kind noch die Do-In-Massage machen.)

Die zweite Reise zum Regenbogenstern

Wenn du willst, kannst du die Augen schließen. Wahrscheinlich fallen sie dir sowieso gleich von alleine zu ... Nimm deinen Atem wahr. – Fühle die Bewegung deiner Brust beim Atmen. – Spüre, wie sich dein Bauch hebt und senkt. – Fühle die Atemluft. – Nimm ihre Temperatur wahr. –

Stell dir einmal vor, es ist spät am Abend. Du schaust zum sternenklaren Himmel hinauf und siehst den wunderschönen, großen Mond ...
Ganz ruhig und friedlich steht er am Himmel und schaut auf dich herab. Fast scheint es, als würde der Mond dich anlächeln ...
Lächle doch einfach zurück. Schenk ihm dein wunderschönes **Lächeln** ...
ODER KLANGSCHALE

Der große Mond sieht schwer aus ...
Und auch du fühlst dich angenehm schwer. Du bist schwer, – angenehm **schwer** ...
ODER KLANGSCHALE

Es ist ganz ruhig – Und wenn du den friedvollen Mond ansiehst, dann fühlst auch du dich völlig beruhigt. Du bist ruhig, – ganz **ruhig** ...
ODER KLANGSCHALE

Der Mond lädt dich zu einer Reise zu den Sternen ein, und du willst sehr gerne mitreisen. Doch womit sollst du fliegen? Der Mond sagt: »Denk dir dein Traumschiff so, wie du es gerne haben möchtest. Ich helfe dir dabei.«

»Ist dein Schiff eins, das auch auf dem Wasser schwimmen kann? – Hat es Segel oder schwimmt es von ganz alleine?« ...

»Wünschst du dir lieber Wolken, die dich sanft und wohlbehütet zu den Sternen tragen? Wie sieht deine Traumschiffwolke aus?« ...

»Ist dein Traumschiff vielleicht ein fliegender Teppich?« ...

Vielleicht siehst du auch ein ganz anderes Traumschiff. Lass es einfach entstehen ...

Es ist jetzt Zeit, in dein Traumschiff einzusteigen. Mach es dir bequem. Du nimmst auf einer kuscheligen Decke Platz. Sie fühlt sich ganz weich an. – Und auch du bist angenehm **weich** ... ganz weich und **ruhig** ... ganz ruhig und **entspannt** ...

ODER KLANGSCHALE

Langsam hebt dein Traumschiff vom Boden ab. – Es trägt dich sanft zum Himmel hinauf. Völlig losgelöst und frei schwebst du dem Sternenhimmel entgegen. Ganz sanft streichelt der Wind deine Haut. Wo auch immer der Wind dich berührt, du fühlst ihn und genießt die angenehme Berührung ...
Wie fühlt sich der Wind an? Ist er angenehm warm? ...
Oder erfrischend kühl? ...
Genieße das freie Gefühl, ganz sanft zu schweben ...
ODER KLANGSCHALE

Du schwebst an vielen Sternen vorbei. Sie leuchten, glitzern und blinken in vielen Farben ...

Ein Stern fällt dir besonders auf. Er ist bunt ...
Du siehst den Stern in allen Farben des Regenbogens leuchten ...
ODER KLANGSCHALE

Du bist neugierig und fliegst mit deinem Traumschiff langsam zum Regenbogenstern ...
Dein Traumschiff landet ganz weich. – Du bist angekommen und fühlst dich sofort **ganz wohl, – ganz sicher** und **ganz geborgen** ...
ODER KLANGSCHALE

Du steigst aus deinem Traumschiff aus und stehst am sandigen Ufer eines breiten Flusses. Du stehst auf buntem Sand, so, wie du ihn noch nie gesehen hast. An manchen Stellen ist der Strand rot, – an anderen grün, – manche Stellen sind violett. – Die Sonne geht langsam unter, und die letzten Sonnenstrahlen lassen den bunten Stern wunderschön leuchten und glitzern ...
ODER KLANGSCHALE

Hier am Fluss fühlst du dich frei, ganz befreit. Du bist gelöst und unbeschwert ... Du kannst dich ausruhen, entspannen und träumen.

Schau dich in Ruhe auf dem gelben Stern um. Du bist hier vollkommen sicher und geborgen. Vielleicht siehst du jetzt auch noch ganz andere Farben und Dinge. **Höre, – fühle, – rieche,** – was immer du gerade wahrnimmst.
Ich werde jetzt einige Zeit nicht mit dir reden. Lass dich treiben, und genieße den Moment ...
ODER KLANGSCHALE

Du fühlst dich wohl auf dem Regenbogenstern, völlig sicher und ganz geborgen. Doch jetzt ist es an der Zeit, wieder zu gehen. Zuvor darfst du ein Geschenk als Erinnerung an diese schöne Reise mitnehmen. Such dir etwas aus ...
Was auch immer es ist, es ist sehr schön, und du freust dich von Herzen über dieses Andenken.

Geh jetzt zu deinem Traumschiff. – Es wartet schon auf dich ... Mach es dir wieder in seinem Inneren bequem. Nun kann die Heimreise losgehen.

Langsam hebt dein Traumschiff vom Boden ab. – Es trägt dich sanft zum Himmel, und völlig losgelöst und frei schwebst du dem Sternenhimmel entgegen. Ganz sanft streichelt der Wind deine Haut. Wo auch immer der Wind dich berührt, du fühlst ihn und genießt die angenehme Berührung ...
Wie fühlt sich der Wind an? Ist er angenehm warm? ... Oder erfrischend kühl? ...
Genieße das freie Gefühl, ganz sanft zu schweben ...
ODER KLANGSCHALE

Dein Traumschiff landet ganz weich. – Du bist angekommen und fühlst dich sofort **ganz wohl, – ganz sicher** und **ganz geborgen** ...
ODER KLANGSCHALE

(Wenn die Reise am Tage zur Entspannung mit Ihrem Kind durchgeführt wurde, sollten Sie den Kreislauf Ihres Kindes mit diesem Teil der Reise wieder anregen. Vor dem Schlafengehen entfällt dieser Teil selbstverständlich.)

Nimm deine Finger wahr. – Beginne mit ganz kleinen Bewegungen. Vielleicht willst du mit den Fingerspitzen ganz sanft auf den Untergrund trommeln. – Lass jetzt deinen ganzen Körper in Bewegung kommen. Rekel und streck dich in alle Richtungen. Wenn du gähnen willst, dann gähne, ohne dabei die Hand vor den Mund zu halten. Greife zum Himmel, und ziehe Sterne zu dir herab. Wenn du möchtest, setze deine Wünsche auf die Sterne, – hole dir deine Wunschträume vom Himmel.

(Nun kann Ihr Kind noch die Do-In-Massage machen.)

Die dritte Reise zum Regenbogenstern

Wenn du willst, kannst du die Augen schließen. Wahrscheinlich fallen sie dir sowieso gleich von alleine zu ... Nimm deinen Atem wahr. – Fühle die Bewegung deiner Brust beim Atmen. – Spüre, wie sich dein Bauch hebt und senkt. – Fühle die Atemluft. – Nimm ihre Temperatur wahr. –

Stell dir einmal vor, es ist spät am Abend. Du schaust zum sternenklaren Himmel hinauf und siehst den wunderschönen, großen Mond ...
Ganz ruhig und friedlich steht er am Himmel und schaut auf dich herab. Fast scheint es, als würde der Mond dich anlächeln ...
Lächle doch einfach zurück. Schenk ihm dein wunderschönes **Lächeln** ...
ODER KLANGSCHALE

Der große Mond sieht schwer aus ...
Und auch du fühlst dich angenehm schwer. Du bist schwer, – angenehm **schwer** ...
ODER KLANGSCHALE

Es ist ganz ruhig – Und wenn du den friedvollen Mond ansiehst, dann fühlst auch du dich völlig beruhigt. Du bist ruhig, – ganz **ruhig** ...
ODER KLANGSCHALE

Der Mond lädt dich zu einer Reise zu den Sternen ein, und du willst sehr gerne mitreisen. Doch womit sollst du fliegen? Der Mond sagt: »Denk dir dein Traumschiff so, wie du es gerne haben möchtest. Ich helfe dir dabei.«

»Ist dein Schiff eins, das auch auf dem Wasser schwimmen kann? – Hat es Segel oder schwimmt es von ganz alleine?« ...

»Wünschst du dir lieber Wolken, die dich sanft und wohlbehütet zu den Sternen tragen? Wie sieht deine Traumschiffwolke aus?« ...

»Ist dein Traumschiff vielleicht ein fliegender Teppich?« ...

Vielleicht siehst du auch ein ganz anderes Traumschiff. Lass es einfach entstehen ...

Es ist jetzt Zeit, in dein Traumschiff einzusteigen. Mach es dir bequem. Du nimmst auf einer kuscheligen Decke Platz. Sie fühlt sich ganz weich an. – Und auch du bist angenehm **weich** ... ganz weich und **ruhig** ... ganz ruhig und **entspannt** ...

ODER KLANGSCHALE

Langsam hebt dein Traumschiff vom Boden ab. – Es trägt dich sanft zum Himmel hinauf. Völlig losgelöst und frei schwebst du dem Sternenhimmel entgegen. Ganz sanft streichelt der Wind deine Haut. Wo auch immer der Wind dich berührt, du fühlst ihn und genießt die angenehme Berührung ...
Wie fühlt sich der Wind an? Ist er angenehm warm? ...
Oder erfrischend kühl? ...
Genieße das freie Gefühl, ganz sanft zu schweben ...
ODER KLANGSCHALE

Du schwebst an vielen Sternen vorbei. Sie leuchten, glitzern und blinken in vielen Farben ...

Ein Stern fällt dir besonders auf. Er ist bunt ...
Du siehst den Stern in allen Farben des Regenbogens leuchten ...
ODER KLANGSCHALE

Du bist neugierig und fliegst mit deinem Traumschiff langsam zum Regenbogenstern ...
Dein Traumschiff landet ganz weich. – Du bist angekommen und fühlst dich sofort **ganz wohl, – ganz sicher** und **ganz geborgen** ...
ODER KLANGSCHALE

Du steigst aus deinem Traumschiff aus und stehst am sandigen Ufer eines breiten Flusses. Du stehst auf buntem Sand, so, wie du ihn noch nie gesehen hast. An manchen Stellen ist der Strand rot, – an anderen grün, – manche Stellen sind violett. – Die Sonne geht langsam unter, und die letzten Sonnenstrahlen lassen den bunten Stern wunderschön leuchten und glitzern ...
ODER KLANGSCHALE

Hier am Fluss fühlst du dich frei, ganz befreit. Du bist gelöst und unbeschwert ... Du kannst dich ausruhen, entspannen und träumen.

Die langsam untergehende Sonne trägt eine Gemächlichkeit und Schwere in sich. Auch du kannst diese angenehme Schwere fühlen ...
Du fühlst dich angenehm schwer ...
Du bist schwer – angenehm **schwer** ...
Genieße die Schwere ...
ODER KLANGSCHALE

Die Strahlen der untergehenden Sonne sind angenehm warm. Du fühlst ihre wohlige Wärme auf deiner Haut ...
Willst du die Wärme noch besser fühlen, dann drehe langsam deine Handflächen in Richtung Himmel ...
Komm wieder zur Ruhe ...
Auch du fühlst dich angenehm warm ...
Du bist warm – ganz **warm** ...
Genieße die Wärme ...
ODER KLANGSCHALE

Du spürst den Wind auf deiner Haut. – Ganz gleichmä-
ßig berührt er dich, fast so, als wolle er über dein Ge-
sicht streicheln. – Du atmest die angenehme Luft ein.
Willst du deinen Atem noch besser fühlen, dann lege
deine Hände ganz langsam und vorsichtig auf deine
Brust, und fühle, wie der Atem sie bewegt ...
Komm wieder zur Ruhe ...
Du fühlst deinen Atem – Du atmest ganz **ruhig** und
gleichmäßig ...
Genieße deinen Atem ...
ODER KLANGSCHALE

Schau jetzt auf das Wasser. Ganz ruhig und gemächlich
fließt der Fluss dahin ... Alles treibt mit ihm davon.
Gib deine Anspannung in den Fluss – Lass los – Und
wenn du willst und es dir guttut, atme deine Spannung
langsam aus – Alles, was dich anspannt, treibt jetzt im
Fluss davon.
Du fühlst dich ganz weich ...
Du bist weich – und ganz **entspannt** ...
Genieße die Entspannung ...
ODER KLANGSCHALE

Gib auch deine Gedanken und alles, was dir auf dem Herzen liegt, –
was dich bedrückt oder belastet, in den Fluss. – Lass los. –
Alles treibt davon ...
Du fühlst dich völlig frei – **befreit** –
Du fühlst dich ganz leicht – **erleichtert** –
Du bist befreit – erleichtert – und ganz **gelöst** ...
ODER KLANGSCHALE

Die Sonne ist untergegangen. Es ist ganz still – Der rote Stern ist nun zur Ruhe gekommen.
Die Ruhe überträgt sich auf dich.
Du fühlst dich ruhig – völlig beruhigt –
Du bist ruhig – ganz **ruhig** ...
Genieße die Ruhe ...
ODER KLANGSCHALE

Du fühlst dich wohl auf dem Regenbogenstern, völlig sicher und ganz geborgen. Doch jetzt ist es an der Zeit, wieder zu gehen. Zuvor darfst du ein Geschenk als Erinnerung an diese schöne Reise mitnehmen. Such dir etwas aus ...
Was auch immer es ist, es ist sehr schön, und du freust dich von Herzen über dieses Andenken.

Geh jetzt zu deinem Traumschiff. – Es wartet schon auf dich ... Mach es dir wieder in seinem Inneren bequem. Nun kann die Heimreise losgehen.

Langsam hebt dein Traumschiff vom Boden ab – Es trägt dich sanft zum Himmel, und völlig losgelöst und frei schwebst du dem Sternenhimmel entgegen. Ganz sanft streichelt der Wind deine Haut. Wo auch immer der Wind dich berührt, du fühlst ihn und genießt die angenehme Berührung ...
Wie fühlt sich der Wind an? Ist er angenehm warm? ... Oder erfrischend kühl? ...
Genieße das freie Gefühl, ganz sanft zu schweben ...
ODER KLANGSCHALE

Dein Traumschiff landet ganz weich. – Du bist angekommen und fühlst dich sofort **ganz wohl, – ganz sicher** und **ganz geborgen** ...
ODER KLANGSCHALE

(Wenn die Reise am Tage zur Entspannung mit Ihrem Kind durchgeführt wurde, sollten Sie den Kreislauf Ihres Kindes mit diesem Teil der Reise wieder anregen. Vor dem Schlafengehen entfällt dieser Teil selbstverständlich.)

Nimm deine Finger wahr. – Beginne mit ganz kleinen Bewegungen. Vielleicht willst du mit den Fingerspitzen ganz sanft auf den Untergrund trommeln. – Lass jetzt deinen ganzen Körper in Bewegung kommen. Rekel und streck dich in alle Richtungen. Wenn du gähnen willst, dann gähne, ohne dabei die Hand vor den Mund zu halten. Greife zum Himmel, und ziehe Sterne zu dir herab. Wenn du möchtest, setze deine Wünsche auf die Sterne, – hole dir deine Wunschträume vom Himmel.

(Nun kann Ihr Kind noch die Do-In-Massage machen.)

Nachwort

Sicherlich ist Ihnen aufgefallen, dass in den verschiedenen Traumreisen standardisierte Elemente auftauchen, und das macht Sinn. In meiner Arbeit mit Kindern zwischen 5 und 10 Jahren habe ich die Erfahrung gemacht, dass Kinder Sicherheit sehr schätzen. Wenn Sie als Erzieher mit Fantasiereisen arbeiten, werden Sie feststellen, dass Kinder in den ersten Übungsstunden kaum dazu bereit sind, während der Entspannung die Augen zu schließen. Im häuslichen Umfeld fällt ihnen das leichter, denn dort wissen sie ja, was auf sie zukommt. Sie müssen also ihre Umgebung nicht im Auge behalten.

Während einer Fantasiereise tritt das gleiche Phänomen auf. Wenn Sie aber nach den ersten Reisen feststellen, dass die Einladung des Mondes oder auch der »Bau« des Traumschiffs immer in denselben Worten erfolgt, entwickeln Kinder aus diesem Ritual heraus Sicherheit. In der Praxis bedeutet das aber nicht, dass Kinder immer denselben Mond sehen oder immer im gleichen Traumschiff reisen, ganz im Gegenteil. Die Sicherheit des Rituals verleiht der Fantasie viel leichter Flügel.

Wer beruflich oder privat mit Kindern Fantasiereisen unternimmt, erlebt die ungewöhnlichsten Reaktionen. Die Vorstellungskraft unserer Kleinen kann Bilder erschaffen, mit denen wir als Vorlesende nicht rechnen. Besprechen Sie die Erlebnisse mit den Kindern. So erfahren Sie nicht nur mehr über ihre Fantasiebilder, Sie können auch Schwierigkeiten und Probleme besprechen, die dann bei weiteren Reisen vermieden werden können.

Entspannung ist individuell, so individuell, dass Kinder sie sogar manchmal verweigern. Wenn Ihr Kind sich einmal nicht entspannen will, sollten Sie es erst gar nicht versuchen. Vielleicht entsprechen die Geschichten, so wie ich sie geschrieben habe, auch nicht genau den Wünschen und Vorstellungen Ihres Kindes. Nachfolgend möchte ich Ihnen erklären, worauf Sie beim Schreiben einer eigenen Traumreise achten sollten. Vielleicht haben Sie Lust bekommen, sich als Autor zu versuchen. Und dazu möchte Sie sehr gern motivieren, denn nur Sie kennen die Vorlieben Ihres Kindes genau.

So werden Sie selbst zum Autor für Fantasiegeschichten

Mit dem standardisiertem Aufbau der Geschichten haben Sie die Möglichkeit, eine ganz individuell auf die Wünsche Ihres Kindes zugeschnittene Traumreise zu schreiben. Am Anfang steht dabei die Farbauswahl. Wählen Sie die Lieblingsfarbe Ihres Kindes aus. Danach können Sie aus den Texten die folgenden Komponenten für die Autogenen Formeln frei zusammenstellen:

WIRKUNG	SCHWERE	WÄRME	KÜHLE	ENTSPAN-NUNG	RUHE	ATEM
ROTER STERN	unterge-hende Sonne	Sonnen-strahlen	-	Fluss	Fluss	Wind
BLAUER STERN	Fels	-	Wasser	Wasserfall	Wasserfall	Wind
GELBER STERN	Stein	Stein	-	Fluss	Fluss	Wind
GRÜNER STERN	Baum	-	Luft	Wind	Wind/Wolken/Vögel	Wind

Zum besseren Verständnis finden Sie in der Reise zum roten Stern in Grau hervorgehoben alle Elemente der Fantasiereisen.

Eine weitere Möglichkeit, die Reisen an die Bedürfnisse Ihres Kindes anzupassen, ist es, die Länge der Reise und damit die Gewichtung bzw. Betonung der Elemente zu verändern. Menschen ändern sich, und Kinder tun dies oft in einem sehr rasanten Tempo. Es kann Phasen geben, in denen Ihr Kind »nur« Fantasiereisen möchte und z.B. mit autogenen Formeln nicht gut zurechtkommt. Versuchen Sie es mit diesen Texten einfach ein paar Tage später. Wenn Ihr Kind sehr fantasiebegabt ist, wird es die ungelenkten Reisen bevorzugen. Es gibt auch Tage, an denen es weder die eine Reise noch die andere Form mag. Beobachten Sie Ihr Kind, und lernen Sie mit ihm, wann die richtige Zeit für welche Form der Geschichte ist. Das »Handwerkszeug« dafür haben Sie – es sind Ihre Intuition und Ihre Erfahrung im Umgang mit Ihrem Kind.

Ebenfalls für Kinder erschienen
im Schirner Verlag:

Ulla Rosenberger

Mein Heilsteinbuch
Edelsteine und Mineralien für Kinder

ISBN 978-3-8434-5036-2
farbig, mit zahlreichen Abbildungen
160 Seiten

Steine sind langweilig? Nicht wenn du weißt, was du mit ihnen alles tun kannst!
Wusstest du schon, dass du mit Heilsteinen Solitär, Mühle und Kalaha spielen und wundervolle Traumreisen machen kannst? Sie können dich beim Lernen unterstützen und das Einschlafen erleichtern. Ein Heilstein kann dein täglicher Begleiter sein – ja sogar dein Freund werden.
Entdecke die Welt der Heilsteine: Erfahre, wie Amethyst, Rosenquarz, Türkis und ihre Freunde wirken. Finde heraus, welcher Stein dir bei einer Erkältung nützlich sein kann, welcher dir Selbstbewusstsein schenken und welcher gegen deine Ängste wirken kann. Viele spannende Geschichten warten auf dich.
Heilsteine sind einzigartig – genau wie du!

Thorsten Weiss

Das Zauberland

Die Reise auf dem goldenen Drachen
Meditationen zur Stärkung des Selbstbewusstseins
für Kinder

ISBN 978-3-89767-394-6
Audio-CD, Spielzeit: ca. 31 Minuten

Diese Meditation nimmt Ihr Kind an die Hand und führt
es langsam in eine Welt des Zaubers, in der alles mög-
lich ist. Es wird einem Drachen begegnen und in seiner
eigenen Fantasie Bilder entdecken, spielerisch das Leben wertschätzen lernen und sich auf diesem Wege
zentrieren. So wird Ihrem Kind die Möglichkeit gebo-
ten, seine Fantasie und Kreativität durch einfache Bilder
voll zu entfalten. Auf diesem Wege wird sein Selbstbewusstsein gestärkt. Die heilende Wirkung der Meditation wirkt im Unterbewusstsein des Kindes weiter und
fördert seine seelische Entwicklung.